学びの庭をわたる風

関口榮司
sekiguchi eiji

明治書院

序にかえて

草木は光りを浴びて育ち、人は言葉を浴びて育つ

とは、私が校長に就任した最初の入学式で披露した言葉で、爾来十二年間折に触れて発信しつつ、自分自身の教師生活の指針にもしている言葉である。

人は人それぞれが生きる経験の中で、そこに適った言葉を紡ぎ出そうとして懸命に模索する唯一の生き物である。そこに具現化される言葉こそ、まさにその人間の生きた証しであり、生き方そのものの結実である、と実感する日々である。

その私の言語活動に頗る影響を及ぼしているのは、ふるさと前橋の原風景である。郷里の詩人萩原朔太郎が「帰郷」と題して、故郷前橋への寂寥感を烈しく詩いあげたように、人は己の内部に強烈な影響を及ぼした原風景をそれぞれに抱いているものである。

ここで、改めて私の心が育った風景に思いを馳せてみると、赤城山から吹き下ろす空っ風と、江戸期から続いているナシ畑・モモ畑の広がる田園風景に辿り着いた。季節を迎えると、真っ白いナシの花と淡紅色のモモの花が、辺り一面に咲き匂う光景は、まさに圧巻の体であった。今でも実家から送られてくるみずみずしいナシを食する度に、わが子を手

塩に掛けて育てるように、ナシ・モモの栽培に勤《いそ》しんでいた両親の在りし日の姿が目に浮かぶ。たくさんの陽光を浴び、五風十雨の中ですくすくと生長する「ナシの実」ならぬ「アリの実」の育つその傍らで、私はやんちゃ盛りを過ごしたのである。

人生の出来事はすべてが通過点である。その一つの通過点に過ぎない教育職四十八年間で修得した言葉の一つが、冒頭の言葉である。

＊

平成三十年も終わろうとしている今、私には気になっている社会状況がある。

それは、この夏ニュージーランドへ語学研修に出掛ける生徒たちを成田空港まで見送りに行った時のことである。自宅のあるJR目黒駅から山手線に乗り、品川駅で成田エクスプレスに乗り換え、生徒たちの待つ成田空港出発ロビーに到着するまで、実に快適に歩を進めたのである。が、ふと私は、この間、誰とも一言も言葉を交わさずに目的地に着いていることに気づいた。

そこで、その出発式で私は、「今日のＡＩ（人工知能）をはじめとするテクノロジーの進歩により成田空港まで誰からも干渉されることなく快適な気分で来られたが、その利便性は、同時に日本社会を無言化に進ませている。そして、この無言化が人間関係の稀薄化に拍車を掛けている。君たちは今、この社会状況に逆らうかのように、こうして時間と費用とをかけて他国の言語を学びに、また、その国の人々との交流を通じて深い人間関係を構築しようと、わざわざ外国に赴くわけである。日本社会で、無言化に端を発するコミュニケーション能力の不足が叫ばれている現実に、君たちはこれからどのように向き合うのか。今回の語学研修の課題の一つに加えてもらいたい」と、挨拶した。

*

同じくこの夏の出来事である。スポーツに関するパワハラやセクハラなどの不祥事が相次いでマスコミを賑わしている中で、私を晴れやかな気分にしてくれたエピソードがある。それは、第一〇〇回全国高校野球夏の甲子園大会の、大阪桐蔭高校と金足農業高校との決勝戦の後日談である。大阪桐蔭高校は、史上初の二度目の春・夏連覇がかかった試合であったが、その行方を占うこと以上に、まさに勝敗を超越した金足農業高校野球部の、チームとしてのあり方に私は心惹かれたのである。

そもそも試合に勝つための必須条件は、心ゆくまで練習できる場所があることと、よりよい選手と指導者に恵まれることにある。が、この金足農業高校は、雪国秋田県という気候的なハンデがあり、さらには減少傾向にある公立の農業高校、しかも、有望選手をスカウトすることもなく、野球部全員が地元出身者という中での「全国準優勝」の快挙である。

私は高校の各スポーツ大会を観戦する度に、時に選手の気持ちになってその動きを追い、時に監督の気持ちになって声を上げ、時には保護者の祈るような思いを想像しながら、さらには対戦する両校の校長先生の胸中を推し量りながら観戦するのだが、私がここで著したいのは、大会を了えた後の、人々が試合という晴れの日の非日常から日常生活に戻ってからの有り様である。

金足農業高校では、教職員が生徒の出入りする昇降口に立って挨拶指導をしているそうだが、それをしながら同校の校長先生が気づいたのは、準優勝以来、生徒たちは胸を張って登校し、自信に満ちあふれた表情になっていることだという。

この大会で、出場した選手たちが、観戦した全国津々浦々の人々に深い感動を与えたことは私が改めて述べるまでもないが、それでも強調したいと思ったのは、金足農業高校の校長先生から発せられた気づきの言葉にある。

金足農業高校は、惜しくも決勝戦で敗れはしたが、時には優勝を果たすこと以上の価値を有する負けがあることを示した。そうして自分の置かれた状況を嘆くのではなく、全力を尽くして強豪校に立ち向かい、どこまでもスポーツ精神に則り、正々堂々と戦い抜いた意義ある敗北があることを明確にした。繰り返すが、それは単に試合でのフェアプレーの精神に止まらず、そこに到達するまでの言行が人々の心魂に触れたのである。延いては、それが金足農業高校の生徒たちに確かな矜持をもたらし、さらには不祥事続きのスポーツ界へ一石を投じることに繋がり、そして何よりも、チームメイトと力を合わせて戦うことの素晴らしさを教えているのである。

草木が光りを浴びて育つように、人の心もまた確かな行動から発せられる言葉を浴びて育ち、学ぶ指導者によって学ぶ選手が育ったのである。ここに教育の原点があり、それこそが教育力なのである。「よい思い出は一所懸命の中でしか生まれない」と、常々私は口にしてきたが、それを金足農業高校の生徒の皆さんが身をもって示してくれたのである。

〈力がつけば、力が抜ける。〉

この言葉を実感しつつ、私は層一層高校教師としての喜びを感じている。

＊

さて、二〇二〇年度から教育制度が大きく変わる。その先駆けが大学入試制度である。これからの二〇年、つまり二〇四〇年度に至る日本社会は、今日を生きる私たちにとって目まぐるしく変遷する社会情勢が予想される。その間「大学教育改革」「高校教育改革」

「高大接続改革」が進み、二十一世紀型能力が問われることになる。ＡＩをはじめとするテクノロジーの進歩やグローバル化、少子化に伴う生産人口の急激な減少など、社会はさらに大きな転換期を迎え、それに対応する教育現場での人材育成も急務となろう。ただ私は、どういう時代が訪れようとも、教育の本質は変わることがないと信じている。苦痛を伴わぬ成長がないように、教育する側にもされる側にも、ある種の苦痛が伴うことを忘れてはならない。生きていく上では、学問の苦楽も雑事も幸福も不幸も、ともに同じくらい人間を成長させる。生徒自身に自己の生き方と対峙させ、人間的成長を促すという点において、教育は、いつの時代でも幾分か非人間的にならざるを得ないと思うのである。

本書は、第1章から第6章で構成されている。

第1章には、「教育を考える」と題し、埼玉大学教育学部で講義したものをベースにして、立正大学国語国文学会「公開講演会」で発表したもの、他二編を収めた。

第2章の「書くことを考える」は、保善高校国語科の「国語表現」の授業成果をまとめた『表現—明日を拓くための作文集—』各号の巻頭文である。

第3章の「読むことを考える」は、『From me to you』（保善高校図書委員会発行の図書紹介冊子）に掲載したものである。

第4章の「高校生と考える」は、保善高校生徒会誌『山吹』と卒業記念文集『欅』に掲載したものである。

第5章の「高校生活と私」は、『保善ニュース』「所感」欄と「文化祭プログラム」の巻頭挨拶文である。

第6章の「保善高校と私」は、『保善ニュース』「けやき」欄と学校案内、『保善高等学校八十年史・同九十年史』に掲載したもの。『開校五〇年の歩み』（前橋市立木瀬中学校創立五〇周年記念誌）に掲載された「原風景」と題する小文は、ふるさと前橋へのノスタルジックなもので、「序にかえて」の文章と内容が呼応する。

本書に掲載した文章は、主に管理職時代に書いたものである。担任として勤務していた日々の思いは、平成四年刊行の『訥々の記』（三松出版）に認《したた》めた。本書と併せてご笑覧くだされば幸いである。

顧みれば、随分と烏滸がましいことを述べてきたものだと汗顔の至りであるが、お読みいただく方々の心を波立たせることができるならば望外の喜びである。

教育の使命は、一勤務校での教育活動や時代を超えて存在するものであることを信じつつ、「私の教育」を世に問いかけようと思う。

平成三十年十一月吉日　　関口榮司

目次

序にかえて

第4章　高校生と考える

第5章 高校生活と私

第6章　保善高校と私

あとがき

第1章　教育を考える

保善高等学校正門付近　校木けやき　絵：芸術科　黒部 稔教諭

教育を考える（講演記録）

こんにちは。只今ご紹介にあずかりました、本学出身で、保善高等学校に勤務しております関口と申します。

私がこの大役を無事に、果たせますように、皆さんご協力の程をよろしくお願いいたします。

この度の公開講演会を、お引き受けいたしましたのは、二年ほど前に、埼玉大学の教育学部で、やはり「教育を考える」と題して九十分間話をいたしましたので、それを後輩の皆さんにもお伝えしようと考えたからです。埼玉大学では国立大学の学生さんということで、私にはひそかに思うことがありました。それと申しますのは、私は、同じ国立大学の群馬大学工学部を受験して見事に落ちた人間でありまして、それで立正大学熊谷キャンパスの第一期生になれたということです。当時は、お金がなかったので、前橋の実家から通学できる大学を、と考えていました。私は県立高校出身でしたが、その国語の先生が旧制の本学国漢科で学ばれた方、というご縁もありまして、本学へ入学するということになったのです。人、はバスの停留所を一つ降り間違ったために、開ける人生があると申しますが、そんな感慨に浸りながら、埼玉大学では一所懸命に話しました。

終わった後の思いも寄らぬ大きな拍手と、後で学生全員から送られてきた感想文に、ああ、この人たちも教育を志す人たちなのだ、と感じ入り、今もその感想文は大事に手元にあります。その経験を、今回の話につけ加えながら、母校である本学でお話が出来れば非常に嬉しく存じます。そのことを踏まえて記したのが、この一枚目のレジュメでございます。もちろん、修正はしましたが、埼玉大では九十分の講演でも駆け足でした。今回は五十分ということですので、まさにポイントを絞ってのお話になろうか、と思います。

因みに埼玉大学の時には全員が学生さんでしたので、的を絞ることが出来ましたが、今回は学会です。多くの学生さんの他にも、先生になられたばかりの方から、ベテランの方、ご高名な学者の方もいらっしゃいますので、難しいことになると感じておりました。そこで山下先生、岡田先生にお尋ねしましたら、先生を目指している学生たちに、教育についての思いを語ってくれればいい、というお答えでしたので、そのつもりでお話させていただきますが、私は、教師が独り善がりのズレの中で、自己満足に陥ってしまうような話の展開だけはしたくない、と思っています。果たしてどこまでお話し出来るのか、しばらくの間ご辛抱下さい。

先ほど山手線に乗って本学にまいりましたら、「本気で仕事をしていれば、涙の一つや二つ流れるだろう」という文句が、ドアの上方にあるのが目に入りました。本気で仕事をすれば、していれば、涙の一つや二つ流れるだろう。流すだろうではありません。「流れるだろう」です。もし皆さんの中で教師を一生の仕事にしたい、と思っている方がいらっしゃったら、この内容についてお考えいただきたいと思います。

レジュメの最初に「告白というものには必然的に美化がつきまとう。」（藤原正彦）という言葉を載せました。人にお話をする時に、自分を美化して語っているつもりはなくとも、どうしても飾ってしまうところがあるのは否めませんね。語る、ということは自分の言葉で自分を語ることですから。少し気障ですが、語ることは、楽器を使わない音楽だ、と思っています。自分がどんな言葉で、イントネーションで、どのように語るのか。それが正調であろうと調子外れであろうと、ひとつの音楽のように感動的なものでありたい、と思うのです。

そういう中でものを学ぶということは、もちろん自分の知らないことを学ぶわけですが、「自分がそれを知らないということさえ知らなかった」（内田樹）ということに気づくことであり、それが学ぶということだろう、と思うのです。それはレジュメの三番目の三角印のところです。「学校は自分の希望を実現するための場所であるのと同時に、自分はなにを知らないかを学ぶ所でもある」（内田樹）のです。自分の知識について知識を持つ所なのです。従って、そういったことが、ものを学ぶ姿勢として大切だろうし、その姿勢こそが教育に直結することだ、と思うのです。

それには言葉力が必要です。その人がどのような言葉力を持ち合わせているかは、「自分の持つ言葉の不正確さや不適切さを悲しむ力のこと」（内田樹）であり、また過剰であるか不足であるかして、どうしても自分の言いたいものに届かないことに苦しむ力のことを言うのだ、と思うのです。思うようにいかない、的確に表現が出来ない、ということに悲しむ心を持ち合わせているか。そういう気持ちをずっと持ち続けることが言葉力だ、と思うのです。

それから学力についてです。学力、学力と簡単に言いますが、学力テストや学力検査などいろいろとありますね。学力というのは、私の知識では三つに分けられると思います。一つ目は「学んだ力」、つまり知識です。二つ目は「学ぶ力」、それは思考力であり判断力であり表現力です。三ツ目は「学ぼうとする力」、それは意欲であり姿勢であり、興味関心である、と思います。それを総合的にひっくるめて学力と呼んでいます。勤務校では、このことを踏まえて先生方や生徒たちに話しております。

このようなことを最初に申し上げて、演題の「教育を考える」ことに入りたい、と思います。

この中に学生さんはどのくらいいらっしゃるのか分からないのですが、質問します。

教師を目指している学生さんは、挙手をお願いします。

では、どういう教師になりたいと思っていますか？

生徒と共に成長が出来る教師ですね、いいですねえ。

そういう答えの人が多いですね。

勤務校の教員採用の面接試験の時にも、同じように聞くのです。「どういう教師になりたいですか」と。すると、今のように、生徒と共に生きる喜びを分かち合える教師とか、生徒の気持ちをよく理解してやれる教師、という答えが返ってきます。私は更に意地悪く尋ねるのです。では、教育における「理解」、ということはどのように考えますか、と。すると、生徒の気持ちをよく分かってやれる教師、という答えです。それは生徒側から見たら、僕の気持を分かってくれる先生、それから僕を理解してくれる親、これが理解のあるいい先生であり、いい親なんですね。しかし、そこで私はまた聞くのです。辞書的意味での理解についてはよく分かります。でも、教育実践においての理解とは、生徒が自分のことを理解されたいと思っているうちは、教育効果は少ないのです。僕はあの先生のようになりたい。両親のようになりたい、というふうに相手を理解しようと思った時に、目標ができて初めて本当の理解力が生まれるのです。自分が理解されたい、などと受け身でいるうちは真の成長には繋がらないし、本来の理解にはならない。あの先生のようになりたい、というように能動的な思いに至った時に、言い換えれば、そういう他者から学ぶ姿勢になった時に、初めて教育効果が顕著になるのです」と。

ですから、そういうことは、先ほど言った学力のうちの「学んだ力」、知識をどのように処理するか、という情報処理能力になるわけですが、同時に、捉えた物事を自分がどのように的確に展開するか、知ったことをどこでどういうふうに活かすのか、という、それは情報編集能力だ、と思うのです。学校は正解を教えることに加えて、納得度を教えるところでもあるのです。「総合的な学習の時間」という科目などは、それこそ納得して生きていくための納得度を学ぶことになるわけです。そういうことを踏まえながら、どういう教師になりたいか、どういう教師に育っていくか、ということになろうか、と思います。

もうひとつ、学生の皆さんに質問します。自分がもし幼児だったら、おんぶとだっこのどちらを選びますか。埼玉大学でも同じ質問をしてみました。考えてみてください。

時間の関係で少し急ぎます。おんぶとだっこを、「お父さん」または「お母さん」だったら、との条件をつけますと、お母さんだと大体五分五分なのです、おんぶとだっこが。しかし「お父さん」にしてもらうなら、大体九割がおんぶだ、と言います。なぜでしょうか。だっこには、包まれる安心感がありますが、おんぶには、適度な無関心のよさがあるようです。眼差しが直接に向けられないことから、身を投げ出せるという独特な解放感が持てるようです。両方とも意味のあることですが、おんぶを取りあげて言えば、しっかりと背負われた経験のある人は次の世代を背負い、家庭を背負い、社会を背負い、国を背負うような心が育つ、と言います。幼児にとってのおんぶとだっこは、後々の人生の生き方に繋がっていく、と考えられます。このことについても、学生の皆さんは考えてみてください。

次に、三歳から十五歳までの児童生徒の成長度を計る実験の話です。これは、二十年以上にわたって信州大学が統計をとっているのですが、赤ランプが点いたら、スイッチを押す、黄色いランプが点いたら押さない、それを年齢別に繰り返すのだそうです。すると、黄色いランプがついていても押す子がいるのです。つまり、我慢ができないわけです。赤でも黄でも押してしまうのです。そういう間違いを、昔は小学校二年生が一番したようですが、今では小学校六年生が一番間違えるというのです。それは、この三十年の間に四学年飛び越して、六年生が一番間違えるわけです。そこから大体四歳ほど我慢のきかない幼い子どもになっていることが分かります。そういうことを念頭に置いて、他者から理解されたい、という受け身の生徒を、他者を理解したい、という能動的な方向に展開させることを考えて、教師は現場に臨むべきだろう、と思います。

それから、自尊感情を取り上げてみました。生きる力を保障する感情で、この自尊感情にも、「基本的な自尊感情」と「社会的な自尊感情」とがあります。これは人間が自律自立する大事な感情です。学生の皆さんもよく考えてみてください。

その次に、入学時のオリエンテーションなどでよく話すのですが、人が指で、ある方向を指し示した時、大人ならば、その指の指し示した方向を見届けようとする。赤んぼうならその指先そのものを見つめる。言い換えれば、赤んぼうは指先を直接見つめ、直接にその世界を捉えようとする直接文化の享受とでも言いましょうか。大人は指が指し示した向こうの、直接目に触れない世界でも類推して見ようとする、間接文化の享受とでも呼びましょうか。より高い次元の文化とは、この直接文化から間接文化への移項と広がりにあると思うのです。この指がなにを指しているか、を考えれば様々に展開ができると思います。

こんなことを言っていたら切りがありませんね。熊谷守一は絵描きですが、彼は蟻を観察していて、全ての蟻は、左足の前から二番目の足から歩き出す、ということを発見したのです。この観察眼と忍耐力の強さとを、教育の面から考えられたら凄い、と思います。

これも問題提起です。学習と学問について、です。学習の意味を文字から考えさせることがよくあります。言うまでもなく、学ぶとは、「まねる→まねぶ→まなぶ」ですね。他を模倣することから始まります。「習」とは、羽に白いと表記され、孵化したばかりの雛鳥が徐々に成長し、羽を広げて飛び立つまで、何回も羽ばたく行為を繰り返すことです。そのとき胸の辺りの白い部分がちらつくところから、羽に白を構成し、繰り返すという意味をもつのです。皆さんに私がここで敢えて説明する必要はないと思いますが、しかし、学ぶべき対象から真似て、それを何回も繰り返して自分のものにする姿勢は、どんなに年を重ねても基本的なことなのです。保善高校の学校案内には、すべての教育は、「模倣に始まり、創造で終わる」というのをキャッチフレーズとして載せていました。今年作っている学校案内では、「草木は光を浴びて育ち、人は言葉を浴びて育つ」を新たなキャッチフレーズにしています。

レジュメに沿って先を急ぎます。ルソーはその著『エミール』の中で、私たちは、二回この世に生まれる。一回目は存在するために、二回目は生きるために、とあります。二度目の生は、自らの意志で自覚して生きようということですね。これが教育にとって最も大切なチャンスです。

次に、森と木について話します。学校は全体としての森は見えても、一本一本の木は見えにくい。逆に家庭は、一本一本の木が見えても、森としての全体が見えにくい。だから、家庭と学校はしっかりと連携をとり、森と木のそれぞれを理解する必要がある、ということです。

それから得てして保護者には、隣の芝生は青く見えるんですね。だから自分の担任が一番いいし、担任も自分の生徒、保護者が一番である、と思えるようにすることが大事だと思います。

それから、ホースの水。ホースの水は、適度に出口を塞ぐと水は勢いよく遠くへ飛びます。適度な圧力によって遠くに飛ばすことを、教育にも取り入れたらいいと思います。そこで、こうも言えます。人間の成長には、苦痛を伴わない成長などありえないのです。従って、教育というものには、いつの時代でも幾分か非人間的なものがつきまとうのです。

漁師の植樹と朝顔の闇を話します。ある時、魚を捕る漁師が一所懸命に木を植えていま す。どうして魚を捕る漁師が木を植えているのかと尋ねると、その漁師は、雨は植えた木から大地に浸透し、海に流れ込んで植物プランクトンが育ち、魚が集まってくる、と言ったそうです。漁師が陸に木を植えることによって海の魚が育つ、という思いもかけないところで繋がりがあることにも、思いをいたすべきだ、という話です。同じように、朝顔というのは、朝の光を浴びて咲くわけですが、あの朝顔は夜の闇がなければ、朝いくら光を浴びても咲くことはないそうです。ですから、自然の営みというのは人知では計り知れないものがあるのだ、ということですね。

さらに言えば、井伏鱒二に『黒い雨』という作品があります。あの『黒い雨』を書く時に井伏は、川の幅から深さ、道の幅まで克明に測って書いたそうですが、小説の中にはそれらしき数字はひとつも出てこない。しかし、その場所を逃げ惑う被爆者たちの姿がまざまざと読み取れるのです。それはそういった背景をしっかりと捉えていることによるのだ、と思います。

それから、生徒に進路目標をしっかりと持たせるために、ウサギとカメの話をします。

ウサギは、カメというものに目標を置いたから負けたのです。もしウサギがゴールに目標を置いたなら、ウサギはカメに勝てたでしょう。目標をどこに置くかによって、物事は変わってくる、という意味で、ウサギとカメの話は大切です。

諦める、ということも大事な考え方です。どれかを一つ選択しなければならない時に、決断して他を諦めねばならない。明らかにして極めることによって、諦めることになります。単に諦めるのではないのです。明らかにして極めることによって諦めることができて、ひとつの決断に至るのです。

それから私は、「発想素人、実行玄人」という文句をよく使います。発想は素人のように初々しく、囚われない心で捉える。しかし、実行する時にはプロのように素早く実行する。玄人の、くろの「玄」という字は、老子によると、淡い色を重ねて濃くしてゆくと真っ黒になるそうですが、その真っ黒の一歩手前の色を、玄というのです。ですから、プロがバッターボックスに立った時には、とことんまでやり尽くしてしまわないで、余裕をもってバッターボックスに立つ。その余裕から「玄人」と言われるわけです。ここにいらっしゃる皆さんは、大学の大成された先生も、皆さんのような若い方も、今日を生きることについてはみんな新人なのです。私も今日を生きることには新人ですから、この今日の

「今」を生きる想いをどういうように大事にするか、それが重要だろうと思います。

二つの灯りの話に移ります。「二つの灯り」とは、元の位置を示す灯りと足下を照らす灯りです。元の灯りは帰るための目印に。足下の灯りは進むために。両方の灯りがあって初めて振り返ることと進むことの意味が明確になるのだ、と思うのです。

次は、人生の句読点です。すべての時空は連続体であり、「過去―現在―未来」の一切に切れ目というものはありません。そういう連続体の中で、物事を解釈するということは、連続する意識に切れ目を入れる、文章に句読点を打つのと同じように、です。入学式や卒業式など様々なことがこれにあたる、と思います。

それから、「公と私」です。ご存知のように、私という字は、禾偏を書いて「ム」と書きますね。これは禾偏を書かなくても、「ム」だけでも「わたくし」と読みます。その上に「ハ」で、「公」が構成されて、私に背くという意味になります。そうすると私ごとは、自分ひとりのこと。公ごとは、みんなと共にすることの意味だ、ということです。ですから私は、地震が起きたら、私個人よりも、校長としての職務を優先する。先日の「東日本大震災」では、生徒と一緒に学校に泊まりました。公事、公職に生きる。それが「公」の仕事で、公務員という名称もそういう意味からです。ですから、私と公ということの違いを文字から考えたら、私立、公立の教育方法の違いも明確になりますね。

徳川家康の宝物。これもご存知のように、家康は、合戦に負けて這々の体で逃げ帰った時、すぐに絵師を呼んで自分の無様な姿を描かせた、ということです。普通、人間は自分の一番よい姿を残したいと思うでしょうに、家康は、一番無様な姿を描かせて一生涯自分の戒めにし、家宝にした、そうです。天下を治める人の心構えの違いを見ますね。

平等という悪平等。今はサボテンにもナデシコにも同じ量の水を与えることが平等の教育だと錯覚している節があります。これは分かり易いようで難しいことですね。面白い例話があります。韓国の話ですが、政治家と一緒にいろいろな人が水の中に落ちてしまった。その場合には、最初に政治家から助けろ、と言うんだそうです。私はてっきり、政治家が一番の人材だから助けろ、と言うのだと思ったら、政治家が一緒に浸かっているとみんなの心が悪く染まってしまうからだ、というのです。そうなってくると、人命尊重の平等論も様々ですね。

次に「善魔」に触れたいと思います。この言葉は、自分が正しいと思っての善行にも、やがては知らないうちに傲慢の風が吹き始める、という警鐘の意味が込められた、遠藤周作の造語ようですが、特に教師は気をつけたいものです。

その次の、曲がり真っ直ぐというのは、反り返るように筆で書くことによって真っ直ぐに見えるということです。書は「横棒三年、縦棒十年、点は一生」と言われるように、息の長い芸術ですからね。

それから、平行線の交わり。矛盾するものが同じに見える一点がある。生と死、現実と想像とか同じに見える一点である。矛盾するものがどこかで必ず交わるところがある。それを探しながら生きる。「平行線の交わり」という九鬼周造の詩がありますが、これも勉強されたら、と思います。

きれい寂び、とか、絆も面白いですね。保護者たちは、よくこれで絆が生まれた、と言いますが、しかし、絆は、もう一つの読みは、「ほだし」って読みますよね。絆が生まれるというのは、強い繋がりになるのでいいのですが、同時に、情にほだされてなにもできない、という縛りの意味も一方にはありますね。ですから、絆は素晴らしいが、ほだしは、その人を縛ることになる。いつもこういう二律背反性が潜んでいるということも忘れてはなりませんね。

心慕手追。心に強く願うことがあれば手がそれに自然についてくる。沖縄で糸を紡ぐおばあさんが、この仕事をしていないと手が寂しいと言ったそうです。口が寂しいという話はよく聞きますが、手が寂しいという、想いに連れて手に寂しさを感じてしまうとは、なんと深い意味なのでしょう。

それから、これは私の特に好きな言葉です。墨痕淋漓。筆で書いた文字が黒々と、活き活きとして勢いがある様を、墨痕淋漓と言います。そういう生き方がしたい、と私は常日頃願っています。

凡事徹底。平凡なることを非凡になってやる、当たり前のことを徹底してやる、ということです。まあ、それができれば苦労はしませんが、しかし先生を志す人は、そういう普通のことに心を配ることができる人間的な幅を持って考えられるといいのではないか、と思うのです。魚は水について考えたことはないでしょう。何時も水の中に居るからです。また道端の石ころにだって学ぶべきことはたくさんあります。宇宙の形跡を見ていることになるのですから。私は、易しい言葉のようで、よく考えてみると深い意味が潜んでいる言葉を大切にしたい、と常々思っています。

「教育を考える」には、いろいろな促え方がありますが、今日お話したようなことも考えに加えていただいて、足りない行間の部分はご自分で埋めていただければ幸いです。

それから、「草木は光を浴びて育ち、人は言葉を浴びて育つ」という話をしましたが、人は、他者の言葉に耳を傾けているうちは自己中心になっていない。私の話に皆さんが心を傾けていただいている間は、自己中心的な考え方をどこかに捨てて、私の話に入ってきていただいている、ということです。そこからどう発展させるかは皆さん次第なのです。

それから人間は、誕生時は皆と同じであることを願いながら、評価は皆と同じでは嫌なのです。この矛盾がある限り、すっきりした解決はないように思います。生まれた時は、手足があって健康な体でさえあれば、と願っているのに、成長するにつれて、成績がよくなければ嫌だ、人より足が速くなければ嫌だ、人よりも美人でなければ嫌だ、と言うようになります。つまりは、みんなと同じでは嫌なのです、こういう矛盾がある限りすっきりとした解決などはない、と思ったらいかがでしょうか。

学問も雑事も幸福も不幸も、共に同じくらい人を育てる、幸福な人は多くのことを知っているのではなく、大事なことを知っている人だ、と言いますね。

このレジュメに書いてある言葉の一つひとつは、私がささやかな教員生活で出会って考えた言葉をノートにしてきたものです。ここにいらっしゃる先生方もそうでしょうが、物事は自分で戦い取る。自分がその問題の解決者になろうとしない限り、問題は取り除かれない。批判だけして、文句だけ言って、努力しない、そういう人に限ってなにもやらないことが多いのです。だから、私は言うのです。なにかをやろうという時には、その批判や文句を言う前に、ここのところをこう補ってやろう、こうすればよくなる、というように助言すれば、やる人も有難く思うし、補ってやろうと思う人も、必ず自分の発見があり、自分も勉強にもなるはずです。つまり、助けられる人も勉強になり、助ける人も勉強になるのです。私は、これからの民主主義社会を生きるにはこういう成熟した姿勢が大切だろう、と思います。

食べ物を消化するために胃液はありますが、胃液が過剰になったら胃壁を溶かしてしまうことになります。適度を自ら調整できる成熟さが必要ですね。

また、皆さんは電車に乗るときはどうしているでしょうか。乗る時に、どの入り口から乗ると降りる時に階段に近いかを考えていませんか。入り口は入り口、出口は出口という機能だったのが、乗車する時の入り口は、降車する時の出口なのです。つまり「過去、現在、未来」が「過去、未来、現在」との順序になっていることに気づきます。こういう都会化の中で、われわれはどういう精神を構築していくのか、を考えることが大事だろうと思います。

先を急ぎます。本当に輝いている人は、人を輝かす仕事をしている人であり、人を幸せにする人が幸せになる、ということを教職という仕事を通して私は学びました。

次は吉本隆明の言葉ですが、教師が自分の地を出して、それが子どもたちの見抜いている教師の印象と合致した時に教育が成立し、生涯の記憶に残る教師になる、と。

芥川龍之介は、「運命は性格なり、性格は心理なり」と言っています。運命は性格が作る。性格によって拾ってはならないものを拾ってしまい、捨ててはならない大事なものまで捨ててしまう、ということです。これは人間の業であり、人間の悲しいところでしょうか。

日常の教育生活で感じるのですが、無理を重ねると無理でなくなり、楽を重ねると楽でなくなる、ということです。これも教育活動を続けていく上で考えるべき大事なテーマだ、と思います。

「気づき、感動し、そして行動する」ことの大切さについて話します。このことは保善高校の教育の基に置いていることの一つです。ある老夫婦が、知的発達障害で肢体不自由な子どもを四十年間育ててきましたが、突然肺炎で亡くなってしまいました。老夫婦は生きる希望を失い、部屋に籠る生活になります。しかし、これではいけないと考え、二人で旅に出ます。飛行機に乗って。すると、客室乗務員が機内サービスに回ってきたので、ジュースを二つお願いしました。客室乗務員は二つのジュースを持ってきたその後に、「窓際の方にもどうぞ」と三杯目のジュースを差し出したのです。もちろん、老夫婦の喜びは一入でした。老夫婦が亡くなった息子の写真と一緒に旅に出たこと、それに気づいて、三杯目のジュースを持ってくるという行動を起こしたのです。まさに「気づき、感動し、そして行動すること」の体現でした。この一連の動きこそ私は感性教育だ、と思うのです。多感な高校生時代に感性を育てることの大切さを思いながら私は、生徒たちに話すのです。

人生は、永遠に追い越すことのないもう一人の自分との追いかけっこですし、そこから自己が自己を育てる、という教育観も自然に生まれるのだ、と思うのです。

『坊っちゃん』という小説は、それぞれ誰もが辿る道を示しています。人は、時に坊っちゃんになるし、赤シャツにもタヌキにもなる、誰でも辿る道だろう、と。それが『坊っちゃん』という小説だろう、と思います。人に、人は坊っちゃんの正義だけで生きることはできないことを教えているのでしょう。

最後に保善高校の取り組みですが、教育実習生にも、今言ったようなことを話します。「チョーク、トーク、ジョーク」を、です（笑）。チョークできちんと書けること。幅のあるトークができること。それから時々ジョークが言えればいいですね。

この間もこういうことがありました。教育実習生の授業中、「どう？」とか「それで？」とか個人に尋ねるように生徒に質問して、座ったまま発言させていましたので、なにを言っているのか分かりにくかったのです。私は立って発言させることを求めました。立って発言することは社会に向かって発言することにもなるし、立って話すことによって自分の意見を述べる覚悟もできる、ということを話しました。

それから、立場が意識を決定する、ということも。校長は校長という立場で意識が決定される。実習生は実習生の立場で。人間は、社会でそれぞれの立場によって意識は決められていくように思うのです。

これは新聞の記事からです。原っぱで幼児が二人で遊んでいたそうです。一人が穴に落ちてしまった。慌ててもう一人の幼児が大人に助けを求めた。「○○ちゃんが高い穴に落ちた」と。本当は深い穴ですよね。しかし、落ちた子の気持ちになって考えてみれば、高い穴です。ですから、深い穴か、高い穴か、それは落ちたその人の気持ちになれるかどうか、ということです。そういう他者の気持ちになって斟酌できるか。意識の複線化とでもいいましょうか。教師が、授業の終わりを告げるチャイムだと言うと、生徒は、「違います。休み時間が始まるチャイムです」と返したという。

人が人のことを、いろいろな方向から考えてみる。そういうことが「教育を考える」ことになるのではないでしょうか。

駆け足でしたのでまとまらない話になりましたが、時間ですね。ご清聴ありがとうございました。

（於・立正大学国語国文学会　公開講演会／平成二三年七月二日）

公開講演会
レジュメ

演題「教育を考える」

はじめに

告白というものには必然的に美化がつきまとう。（藤原正彦）

学ぶこと　〈自分の知らないことを学ぶだけでなく、自分がそれを知らないということさえ知らなかった、ということを学ぶこと〉

言葉力　〈言葉の不正確さ不適切さを、悲しむ力のこと。常に過剰であ

るか、不足であるかして、どうしても自分の言いたいものに
届かないことを、苦しむ力のこと〉

一、導　入（質問）
①（どういう教師になりたいか）　②「おんぶとだっこ」について
②三歳～一五歳の「赤、黄色のランプ押し」について（信州大学の統計から）

二、展　開
①・理解する、される　・自尊感情　・指先の文化
・熊谷守一の（アリのこと）
②・学習と学問　・人生二度生まれる（ルソー）　・森と木
・隣の芝生（担任）　・ホースの水　・朝顔の闇と漁師の植樹
・井伏鱒二の『黒い雨』　・ウサギとカメ　・諦める
③・発想素人、実行玄人　・二つの灯り　・人生の句読点
④・公と私　・徳川家康の宝物　・平等という悪平等
・動後の虚　・善魔について
⑤・曲がり真っ直ぐ　・平行線の交わり　・きれい寂び　・絆
⑥・心慕手追　・墨痕淋漓

三、むすびに

▽草木は光を浴びて育ち、人は言葉を浴びて育つ。
▽人は、人の言葉に耳を傾けているうちは自己中心的な態度をやめている。
▽学校は希望を叶えるための場所であるのと同時に「自分は何を知らないか」を学ぶ所である。つまり自分の知識について知識を持つ所である。
▽苦痛を伴わない成長などありえない。従って、教育というものはいつの時代でも幾分か非人間的なものである。
▽皆と同じものが無ければ困るのに、皆と同じでは嫌なのが人間である。この矛盾がある限り、すっきりした解決はない。
▽学問も雑事も幸福も不幸も、共に同じぐらい人を育てる。
▽幸福な人は、多くのことを知っているのではなく、大事なことを知っている人である。
▽物事は自分で闘いとる。自分が問題の解決者になろうとしない限り、問題は取り除かれない。
▽本当に輝いている人は、人を輝かす仕事をしている人。最も人を幸せにする人が幸せになる。

▽教師が自分の「地」を出して、それが子供たちの見抜いている教師の印象と合致した時に教育が成立し、生涯の記憶に残る教師になる。（吉本隆明）

▽運命は性格なり、性格は心理なり。（芥川龍之介）

▽無理を重ねると無理でなくなり、楽を重ねると楽でなくなる。

◎「気づくこと・感動すること・行動すること」について（ある老夫婦の逸話から）。

◎人は永遠に追い越すことのない、もう一人の自分との追いかけっこである。

◎自己が自己を育てる。

四、補　足

▽本校の取り組みについて

・教育実習生　・教員採用

新任の教員研修にあたって（平成二十二年）

八十七年を閲した保善教育の歴史と伝統を尊重し、継承する努力と創意工夫に心掛けよう。

俳聖芭蕉は「古人の跡を求めず、古人の求めたるところを求めよ」と言っています。「求めたそのもの」ではなく、「求めた心のその源に思いを馳せよ」ということです。従って、時々刻々と変化する現代情報化社会にあって、目まぐるしく変転する時代を確実に把握してゆくことが明日の保善教育を思考する手立てになると考えます。社会は氾濫する情報によってますます複雑な様相を呈し、多様化の教育が求められる難しい時代に突入していますが、このような時にこそ創立当時の教育理念を踏まえて、私学保善としての原点に立ち返って、建学の精神である。実社会に出て役立つ人材、社会に立派に通用する人間を養成するための努力を日々重ねることが大切だと考えます。ただ時代はその変転とともに、社会に役立つ人間についての考え方を大きく変えてきています。その点に特に思いを致すことが肝要だと感じています。時代の流れの微妙な変化を確実に捉え、的確に受け止めて、本校が新しい時代のいかなるニーズに応えられる学校として存在していくのか、ということに改めて視点を定めると、たやすくは未来への展望は描きにくい時代であることを痛感します。

しかし、そう感じているだけでは問題の解決策は生まれません。ここに改めて現代の情報化時代が生み出した社会情勢について深く考え、今までの建学の精神を礎に保善教育の一つの在り方を示したいと思います。

われわれの情報源であるテレビ文化一つ取り上げても、発信する機械は精密となり便利になりましたが、報道する内容についてはどのテレビ局も同じような内容を繰り返して報道しているに過ぎず、その情報によって時代が著しく変化したとは思えないのです。またその内容についても居ずまいを正して受け止めるべき哲学的なものから単なるワイドショー的なものまでが同じ画面に一様に映し出されます。見ている側がそのスイッチを切る選択をしない限り放送は継続されて、都合のよい時にだけ目や耳を傾けていればよいという姿勢をつくり出します。その姿勢は、大学で講義を受ける学生の受講態度にも具現され、まさに聞くべきものより聞きたいものだけに耳を傾け、後は、メールや隣人とおしゃべりをしていても何の疑問を感じないという姿勢に繋がっていきます。その中で教授者はさながらテレビ映像の中の人物のように講義をし続けることになります。その現象は、比較的授業態度が厳しく問われる高校教育にも現われます。一方的に送られるテレビ画像を享受して育った人間の一つの典型的な現象例と言えましょう。

そしてそれは、相手と、つまり自他とのやり取りの関係の中で、自らが考えて創出されるべき豊かな創造性や複雑な思考力を失わせ、自分の都合のみで物事を解釈していくという極めて薄っぺらな文化を生み出し、またその継承に繋がっていきます。従って、情報の氾濫によっていかにも複雑そうに見える現代社会の情勢は、むしろ画一化の方向に向かって進んでいると考えざるを得ないのです。つまり現代社会は複雑化しているのではなく、その精神は、いわゆる「のっぺり」とした平板な社会に変貌しつつあると考えるほうが正しいように思うのです。

学ぶことの楽しさとは、多くの社会現象の陥穽《かんせい》に気づくことであり、それが、物事を立体的に捉え得る学問の意味でもあると思います。月並みですが、生徒と教職員が学ぶ意味と学ぶ目的とを理解し、共に人生を生きる歓びを発見して、学校全体が知的好奇心で満ち溢れているような学校づくりを全教職員一丸となって邁進できればと願っています。そのためには教師自身が、人生を生き抜く厳しさや楽しさと、向上心とを持ち続けられる人間でなければならないと感じています。

しかし、時あたかもわが国は少子化時代に突入、就学人口の漸減に伴う入学者数の減少は、当然、財政的な打撃を受けて、本校の教育現場にも大きな影響を及ぼしています。このような財政的困難な事態に立ち至ったことは、本校の教育は新たな局面に立たされたことになります。従って、今まで以上に強い自覚と新たな決意を以て臨まなければ大変な危機的状態に陥ることは必定であります。さらに発展させるべき懸命な努力が必要なのであります。

そのためには、先生方のフレッシュな感覚で保善教育の「在るべき姿」を再確認し、検証すべき点に関しては活発に論議を行い、本校教育の更なる活性化を志向して貫いたいと願うこと切です。

本校教育の基本姿勢と運営について

課題
・現状の整理
・いま何が必要か、何がしたいか、何ができるか↓　方向の決定

・共通の場つくり〈立場を超えた共通認識〉
〈正当なもの・不可欠なもの・可及的達成すべきもの・普遍的なもの〉
〈過誤なもの・不必要なもの・腐朽なもの・二義的なもの〉
・意思決定
・新たな対策〈生徒の視点・社会の視点〉
・コラボレーション〈知恵を結集するための場をつくる〉
　信頼関係を構築する
当事者意識をもつ〈問題解決のための〉
生徒や保護者の視点に立って考えてみる
いつもプラス思考で対応〈物事に前向きに立ち向かう姿勢〉

《近代日本の国民が享受した陰の部分》
〈物質主義―拝金主義―享楽主義〉
・自己抑制力の弱体化
・規範意識の希薄化

・人生への主体的取り組み意識の低下

（親の愛情欠如、または愛情の過多）

・魅力ある学校づくり

建学の精神

本校創始者安田善次郎翁が提唱された「実学尊重」と、校祖濱野虎吉先生が唱導実践された「報本反始」の創立精神、さらにこれに基づいて創立以来築き上げてきた「剛健質実」、「初志貫徹」の伝統精神が、わが保善高等学校の建学の精神である。（保善八十年史）

教育目標

本校の教育目標は、憲法並びに教育基本法の精神に鑑み、伝統ある建学の精神を踏まえて、豊かな人間性と、創造性・自主性を有し、且つ世界的視野に立つ、誠実な平和日本の形成者を育成することにある。

教育方針

一、豊かな人間性を育成する。（人間性）

・人間の尊厳性を自覚させるため、たくましい生命力・精神力と、温かい思いやりの心を育てる。

二、能力を開発し、創造力を育成する。（創造性）
・かくれた能力を引き出し、ものごとを創意工夫する力を育てる。
三、主体性・自律性確立のための教育を推進する。（自主性）
・自己確立のために必要な、自主的・自律的・思考力・行動力を育てる
四、国際社会に対応し得る能力を養成する。（国際性）
・広い視野をもって自国を愛し、他国を尊重し、平和を希求する、誠実勤勉な人材を育てる。

取り組み

☆平常授業の充実について

当たり前の言葉ですが、日々の実践という点で、私が日頃心がけてきたことを列挙します（あくまでも私が思ったことですので、もっと幅広く教育を考えて頂きたいと思います）。

・一見すばらしいと思われる「平等教育」という建前論を教育現場では再考する。

【個々人にあった教育でなければ悪平等に陥ることになるから】

・教えることが好きな教師は、生徒から引き出すことに心がける。

【教師の独善が、生徒の独自性を意外に摘み取って、才能をしぼませる傾向がある

から】

・生徒の短所ばかりが目につく教師は、それよりも、長所を見つけ出せるために自己を磨き、長所を生かすほうに力を注ぐべきである。

【人間はもともと短所と長所は紙一重のことが多いから】

・私学はどこにも立派な建学の精神があるが、本校でもそれをいかに実践してきたか、また現在実践しているか、を問い直す。

【極論を言えば、校長の言葉よりも、教師の訓えよりも、全身に染み通らせる教育は、学校の伝統であり、それは卒業生と在校生が創り上げるものであると思うから】

・教師は職人気質が必要である。青年期の心を育てる仕事ゆえに、他人の肩車に乗った判断だけは避けなければならない。

【ここが一般社会人と異なるところである】

・物事に向かって対処する時、協調は、そのことをするまでに苦しみがあるのに対して、妥協は、そのことが終わってから苦しみが始まるということに留意しなければならない。

【教育を志すものは現実主義者＝理想主義者であっても、現実肯定論者であってはならない。夢は夢であり、希望は叶えるものであるから】

・卒業生が一番思い出に残っている印象深いものを探り当て、本校が、どのような教育を施し得たか、もう一度確認したり、探り出したりする。

【本校の存在意義を確認することによって、教員・学校が自らの意識を問い直せるから】

・生徒に教授法や不満を書かせて提出させる。

【教師が自分を客観的に見る材料にする。管理者はその材料を慎重に扱い、誤解もあるので説明する機会を設ける。同じことが何回も何年も繰り返されるようなら、別途考える】

・生徒集団に発生する自然の悪と善とが適当なバランスを形成して、その中で生徒は育ってゆくのだから、慎重に見極める。

【無分別を通して分別がつくようになるから】

・現代はどうしても教師の規制力が弱まってしまうので、教師は人間洞察がしっかりできるように努力することが大切である。

【結局、指導者がどういう生き方をしているかが、どういう教育ができるか、ということになる。生き方にごまかしはきかないということになろうか。】

・知性の本質は、不確かなものに向き合う姿勢にある。

【正解の決まったことをこなしていくのが知性の本質ではない。希望と絶望の毎日に真摯に向き合うことが大事】

・創造性の最大のものは、自分が変わることである。

・いずれも「言うは易く行うは難し（塩鉄論）」ですが、言葉にできなければ始まりません。

理解し信じること、そして情熱

「どういう教師になりたいと思っていますか」と、採用の面接の際に尋ねますと、新人の大半が、「生徒の気持をよく理解し、生徒の行動を信じ、教育に対して変らぬ情熱を持ちつづけられる教師」という答を返してきます。

そこで稿を乞われるままに教育の現場から、これらのことを述べてみます。私の経験によりますと、生徒側から見たよい教師の条件に必ず挙げられるのが、「生徒をよく理解してくれる先生」があります。そこには、明らかに「理解して貰う」という受身の思考が働いています。更に言えば、甘えの気持であり、弱さがみられます。世は映像文化の氾濫で、取り分けテレビ等で育った生徒たちは、一方的に送られてくる電波に対して、チャンネルを回すか、スイッチを切る以外に、自分の意志を決する方法はありません。しかしながら、多くはそのままダラダラとそれを見続けてしまいがちです。いわゆるパッシブ（受身）な文化の影響をもろに受けていることが原因として考えられます。しかし、成長するという点で、「理解されたい」という受身の姿勢でいる間はさしたる期待は持てません。

「あの先輩のようになりたい、あの先生のように生きたい」と対象を理解しようとする姿勢、つまり、「されたからしたい」という能動的で上向きな姿勢に生徒自身が変化させた時、教育効果は発揮されるものなのです。教育的見地から理解というものの真の意味を考えたいものです。

次に「信ずる」ということも難しいことです。その人を深く知らないうちから「君を信じる」と叫ぶのも無責任な話です。生徒は教師に、事が起こると、「私を信じてくれないのですか」と迫ることがあります。信ずるという言葉は不可思議な力をもっていて、教師は特にこの言葉に弱い。しかし私は、「信じられないことは信じられない」とはっきり言うべきだと思っています。現に私自身でも、時として自分の行動が信じられないことがあるのに、たとえ愛すべき生徒であっても、自覚が不明確な時もある生徒の行動の全てを、簡単に信じてよいものかどうか。深く疑うということは、深く信じたいことの源です。人間そのものを信じることと、その行動に信じられないことが生ずるのとは別の問題だと思うのです。人間が本来持つ短所と、その人個人の持つ短所は分けて考えるべきだと思うからです。

三番目に、教育に「情熱」を持ちつづけることも大変なことです。それはまず物事を正確にとらえることから始まるからです。ものを正確にとらえる眼、それは時として、冷たい理性的な眼にもなり、あるいは温かい人間的な眼にもなるという両方の眼を持つことになります。この相反する両の眼を持つことは、一見矛盾するようですが、教育に対する情熱を持ちつづけるためには、対象を見違えない慥《たし》かな眼が必要なのです。慥かなものが観えることによって自ずから慥かな思考力と行動力とが備わり、それに伴う真の情熱もそこから生ずると思うからです。

教師を志す同学諸氏、教師は教えながら、生徒から実に多くのことを学んでいるのです。学ぶということは、教師自身が強く生き、豊かな心をもって生徒と接しなければできるものではありません。当たりまえのことですが、そのためには教材研究を十分にすることです。正論と思われる理論をしっかりと打ち立てることは勿論ですが、現場の教師として最も大切なことは、培った正論をどこで発揮するかにかかっていると言っても過言ではありません。

ともあれ、技術にまさるものは、情熱です。情熱は様々なエネルギーを生み出します。足跡量はある限界を超えた時、質に転化することを私は日々の実践の中で学んでいます。足跡も大切ですが、もっと大切なものは足そのものです。お互いに声をかけあい生きがいのある人生にしましょう。

（立正大学教育情報誌『ＴＥＡＣＨＥＲ』平成三年第六号）

第2章　書くことを考える

表現指導実践報告誌

表現力を高める

中国の北宋に欧陽修《おうようしゅう》（一〇〇七〜一〇七二）なる人物がいた。彼は文章を作る時に良い考えが浮かぶ場所として「馬上・枕上《ちんじょう》・厠上《しじょう》（トイレ）」の三つを挙げて、これを「三上」と言った。当時の高官は馬で移動したことから、馬上で考えごとをするのが多かったのだろう。私などは電車の通勤だが、考えをまとめたりするのには、やはりそのような乗り物の中が多いようである。また寝ている時やトイレにいる時にも、確かに物ごとを考えたりまとめたりしていることを思うと、「三上」には頷《うなず》けるものがある。

さて、実際に文章を書くことについてだが、実にいろいろな人がさまざまな角度から言及している。私はかつて、「書く作業は、立体的な考えを線状のことばの上にのせることである（外山滋比古）」という一文に触れて、至極納得したのを覚えている。僅かなことばで見事に的を射た表現だったからである。さらに、文章化を図るということは、意識の中身を言語化することである。柳田邦男氏流に言えば「感情や考えたことや心の中に渦巻いている葛藤や苦悩などを整理し、一筋の文脈のあるいわば物語（の一部）として表現する作業」なのである。そして何よりも、いい文章の条件とは、書き手の伝えたいこと書きたいことが読み手にひしひしと伝わってくることにある。それも平明で正確で具体性があり、そのうえ独自性があり、抑制が利き、品格が備わっている。そういった文章を私は理想としてきたが、実際に書く段になると思うようにいかないのが文章なのである。

かつて、『表現』—創刊号—の編集後記に、私は、「国語科に於いて表現力を高めることの重要性は他に言をまたない。日常の授業で充分成果を挙げ得たかと問われれば、自信はない。しかし、「明日を拓くための作文集」(副題)として敢えて発行に踏み切った。／これらは全て国語表現の授業に関連させた作文。つとめて、いろいろなジャンルから集めたが、内容は不十分。もっと良いものが他にあるかもしれない。次号を期待したい。／この作文集を生きた教材として、国語表現の授業内容をより深めていきたい。大方のご叱正を乞う。(関口)」と記したのが、二十三年前である。まさに「歳月人を待たず」の感で、当時の文部省が「国語表現」という科目を導入した年度に、その成果を問うべく発行に踏み切ったのである。乏しい予算の中であったが、努力の甲斐があり、その後、教科書会社から見本として求められたことなどが、つい昨日のことのように思い出される。

(『表現』二四号)

文は人なり

「文は人なり」とは、広く言われていることであるが、その文章をもって、その表現者の「人となり」が推し量られるというのは、真《まこと》にもって怖い話である。だが、文が、人の心を書いたものである以上、それもまた宜《むべ》なるかなとも思うのである。

では、表現者に相応しい文章を生み出すには、どのような考え方で臨むべきなのか。この作文集『表現』の巻頭文を通して、生徒諸君とともに考えてみたい。

コラムニストの辰濃和男氏は、先《ま》ず文章を書く以前のこととして次のように書いている。氏の言を約《つづ》めると、「正確に物事を見る訓練を疎かにしている人が、果たして正確な文章を書くことができるのか。大自然と遊ぶ楽しさを知らない人が、人の心を捉える自然の描写をすることができるのか。品性の卑しさが顔に現れている人が品格のある文章を書くことができるのか。いらいらせかせかの気分のまま机に向かって、読む人の心に染みる落ち着いた文章を書くことができるのか。独りよがりなことばかり言っている人が、目配りの利いた、均衡のとれた文章を書くことができるのか」との問題提起である。つまり文が人の心の具現化であるならば、書く言葉を整えたりその技術の錬磨に努めたりする前に、日常をいかに「よりよく生きるか」ということを眼目にしなければならないのである。表面上は、時にはごまかせるかもしれない。しかし、心のゆがみは、その人の文章のどこかに現れるということなのである。従って、文章表現というものは、単に原稿用紙の上だけでその目的が達成されるものではないことを常に意識していなければならないのである。

さらに別の方向からの、「文章の目的は意を達するところのみで、文章の成功は品格をもつことのみにある」（司馬遼太郎）という言葉もある。文章表現の極み、即ち成功は、品格を持つことのみにあるとの言葉には、文を己の生きる証《あかし》にして人生を模索する者にとっては、前途遥かなり、という思いに駆られてしまうのは、強《あなが》ち私ばかりではあるまい。が、一方で、それだけ心をはたらかせるということは、己の世界観を無限に広げることであり、一度の人生を生きる自分に大いなる可能性を抱かせてくれることにもなるのである。文章による自己表現は、詰まるところ表現者一人ひとりが、日々「よりよく生きる」ことに努めることであり、またそれが、その人らしい文章を生む唯一の道であることに気づくのである。

顧みれば、時の文部省が「国語表現」という科目を導入した年度に、わが校の成果を問うべく『表現』と題して創刊、それから二十五年の歳月を重ね、節目の二十五号を送り出せたことは真に喜ばしい限りである。それは、まさに生徒と先生とが「よりよく生きた証」であり、本校の作文教育の輝ける歴史なのである。

（『表現』二五号）

表現行為

名門巨人軍の若い選手が、イギリスのロイター通信社の「ロイター発」を、「ロイタ、一発」と誤読して周囲を苦笑させた、という記事をどこかで読んで、思わず同様に笑ってしまったが、よく考えてみると、そこには単純に笑えない日本語表記の問題が潜んでいるのである。

もともと日本語の文字と文は、いわゆる天と地を持つ現実の世界をそのまま表現しているため、上から下へ垂直に書かれるのが基本である。従って、筆順も縦から横へと書き進めるのが原則で、その考え方は和歌などに顕著である。万葉仮名や平仮名等の混交による連綿体の筆法は、まるで上から流れ下る水茎のごとき美の表現になっており、西洋の、横文字により横に心象を刻むのとは異なった流麗美があり、それが和歌の韻律と相俟って、作品をより完成度の高いものにしている。

　昨今の日本語の表記は、縦書きと横書きの両方が使われているが、縦書きをそのまま横書きに置き換えて表記していることなども起因し、加えてこの選手が「ロイター」を知らなかったことも手伝っての誤読であるが、一方で、原稿を読むことが専門であるはずの某女子アナウンサーも、「旧中山道」を「一日中（いちにちじゅう）山道」と読んで平然としていたという話題もあり、この巨人軍の選手ばかりを笑ってもいられない現実を垣間見ることができる。

　従って、今日のように横書き表記が多く見られるようになると、改めて日本語の文字と文の成り立ちについて思いを馳せる必要がでてくる。縦書きも横書きも共に心象を文字化するという作業によって、われわれの人格陶冶《とうや》はなされるのであるから、そのことを再認識したうえで、このような誤読が、日本語の乱れに拍車をかけることのないよう留意し、さらに創意と工夫を重ねなければならないのである。

　言葉の危機は、心の危機であり文化の危機だと言われて久しい。われわれは、「国語表現」という授業の「読む・聞く」という理解行為、「話す・書く」という表現行為を通じて、物事を正しく理解し表現しようとする。それ故、正しく理解して書くということが的確であるためには、物事を正確に「受けとる力」と、「深く考える力」、さらには「的確に判断する力」などによって構築されたその自己を、「いろいろな手段方法で表現する力」を身につけることを眼目にして、日々の精進は続けられるのである。

学ぶということは、もちろん自分の知らないことを知ることであるが、さらに、それを自分が知らなかったということさえ知らなかったことに気づくことであり、それこそが学ぶということなのである。この生徒作文集『表現』は、その日頃の成果を問うべく今年度の総まとめとして編まれたものである。

（『表現』二六号）

何を書くか

「国語表現」の学習目標は、「国語で適切かつ効果的に表現する能力を育成し、伝え合う力を高めるとともに、思考力を伸ばし言語感覚を磨き、進んで表現することによって社会生活を充実させる態度を育てる」ことにある。

それを、別の言い方に改めると、「自分の『心』を自身の『ことば』で過不足なく表現できる能力を養成する」ということになろうか。

藤原定家（一一六二～一二四一）は、「心と詞（ことば）」の関係を、歌論書『毎月抄』（一二一九成立）の中で、

心と詞と兼ねたらむをよき歌と申すべし。心・詞の二つは鳥の左右の翼の如くなるべきにこそとぞ思ひ給へ侍りける。

心と詞とを兼ね備えているのを優れた歌といい、それは、鳥の左右の翼のような関係にあるのが理想である、と述べている。

これは韻文である歌の良し悪しを述べた歌論であるが、散文の文章表現にも同じことが言える。文章を書くということは、真の自分と向き合うことである。向き合いながら、己れ自身の心の営みをさらけ出すことでもある。従って、一週間も努力すれば直ぐにいい答えに辿り着ける、というような短兵急な話ではない。それは、日常の暮らしの心のありようと深く繋がり、常に書く人の生き方と同行《どうぎょう》二人《ににん》の道のりを行くのである。

この度、生徒諸君が、ここに、学年ごと学期ごとに、そしてジャンルごとに、「心とことば」の関係を表現して見事に作文集として結実させた。その中の「答えのない問い」

（山本真）という題名が、私の目を引いた。確かに世の中には答えの出せない問題はたくさんある。が、その一方で、本当に難しい問題は、答えが出せない問題ではなくて、答えがたくさんあっても正解がない、あるいは、どれもが正解である問題のことである、という捉え方をしている。本校に、このような問題意識をもって日々を過ごしている生徒がいることを誇りに思うと同時に、この生徒作文集『表現』発行の、真の意義についても思いをいたすのである。

われわれは文章を書く、つまり文章表現という作業を通じて、自身の生きる足取りを確認しつつ、自分の思考の筋道を構築してゆくのである。言葉遣いは伝統を尊重しつつ、表現内容は新しいものを追究してゆく、という強い姿勢を貫きたいものである。

（『表現』二一七号）

文章を書く

文章を書く場合に私は、喜び勇んで書く場合と、内心では半分義務感のような気分で書く場合とがある。できれば前者のような気分で書ければ喜ばしいのだが、多方面から稿を迫られるとそうもいかないこともある。今回は後者のような気分で書き始めたが、果せるかな、この期に及んで大変な行為であることを再認識したのである。

文章を書くということは、自分自身と静かに対峙することである。対峙しながら、己れ自身の心の営みを白日の下にさらけ出すことでもある。それは、日常の暮らしの心のありようと深く関わり、常に書く人の生き方が問われることになる。その問われる己れの現実とは、過去、現在、未来をまるごと抱え込むことである。人は今日を生き、明日を生きるのと同時に、昨日をも一緒に生きているのである。

従って、どう書くかは、書き手の心が決めるのである。よい表現とは、よい心柄から生まれ、よい心遣いは、よい言葉によって培われるのである。

しかしながら、どんなによい言葉を駆使しても、無言で咲いている花に心を励まされる時に、言葉で表現することの難しさを痛感するばかりである。

結局、何が書けるかは、書き続けることでしか分からない、ということになろうか。

さて、話を本来の表現教育に戻すと、ある作家は、作家になろうと思った時に、気に入った文章をひたすら原稿用紙に書き写したそうである。パソコンでなく、手書きでである。「自分がいいなと思う文体、憧れる作家の書いたものを書き写すことで、その人の意識をなぞる。自分の身に深くしみ込ませることで、その文章のリズムや味わいが乗り移ってくる」（斎藤孝）というのである。

またある作家は、「すぐれた作品は、みな心を傷つけるものだ、という。成長の過程で、人は、自分のなかのさまざまなものに向き合わなければならない。心が傷ついて、それが癒える過程で育つのだ」と。この作家は、人は、己れの人生に真正面から向き合えば、必ずや傷つくことになる。が、むしろ、それを心のバネに、その傷を癒す過程こそ成長の糧になる、という。この言葉に深くて暖かい人間認識が窺えるのである。

この度、生徒諸君が、ここに、学年ごと学期ごとに、そしてジャンルごとに、それぞれが言葉を駆使して生徒作文集『表現』として見事に結実させた。この作文集発行の意義については今更私が触れるまでもないが、表現することは、生きることをそのままなぞることである。言葉遣いの伝統を尊重しつつ、表現内容は常に新たなものを追究していくことで、日々を生きるのである。われわれはそうした現実に、前向きに生きようとする人間の気高さを謳うのである。

（『表現』二八号）

言葉と文章

言葉が生まれる瞬間をじっと待つことがある。今の私の心境が正《まさ》しくそれである。

言葉は、人間の身体の奥底から生まれ、眼や指と連動し、さらに言葉として文脈を辿りながら、一つひとつ表出されるものである。わけても書き言葉は、身体から言葉が遊離し、指先からペン先へと移動する瞬間を客観的に体験することでもある。が、どのような技術論が頭を過ろうとも、膝を叩いて納得できるような表現内容に達するまでは、かなり葛藤することになる。そこに書くことの難しさが潜んでいる。生徒諸君もこの作品を仕上げるのに、さぞや苦労があったであろうと推察するが、さらに諸君らの研鑽を期待している。

さて、文章を書くということは、己れが生きるという行為そのものであるから、何をどのように書くかは、日々をどのように生きているかということでもある。それは、小中学生でも高校生でも、また大学生であっても、その人独自の感性で捉えているという点においては、その内容に優劣はつけ難い。だから、書く行為は、それこそ独善的な考え方に囚われたり、矮小な世界観に満足したり、また、そのことに気づこうともしない生き方をしたりでは、大きな危険を伴うことになる。

そこで、人間は他者から学ぶということが大事になる。吉田兼好（一二八三？〜一三五二？）は、その著『徒然草』で、「悪人の真似とて人を殺さば、悪人なり」、「偽りても賢を学ばんを、賢といふべし」（八十五段）と教え、他者の真似をするうちに自分も本物になる、と説いている。つまり、学ぶというのは、「真似ぶ」で、「まねをする」という言葉と同じ語源を持つ。他者の真似をすることで自分でない自分になる。自分から一旦外に出て、自分を他者の眼差しで見つめ直し、そこで改めて自分を発見し、新たな自分を創出するのである。自分の中にたくさんの他者を育てることは、他者の喜びや哀しみに共感できる視野の広い自分になることである。が、それは一方で、新たな自分を構築する過程において、新しいことの導入に違和感が生じることにもつながる。それが時に躓きや挫折感を生む原因にもなるので、納得のいくまで学び続けることが大事なのである。真の納得は、もがき苦しんだ後にしか生まれないのである。

言葉が重い時代は、人間にも重みがある、と言われる。言葉が豊富でなければ、思考が豊富になるはずはないし、言葉が明晰でなければ考えも明晰さを欠くことになる。己れの思考と思想を糺す唯一の方策は、やはり言葉と文章を練磨することにある。自分の言葉と文章を紀しながら生きる。このことが人間的成長の基本なのである。私はこの稿を書くことで、改めて学びについて学び直したような思いである。学びに終わりのないことも、である。

（『表現』二九号）

国語表現

すべての物事は、初めてから始まる、との言がある。この生徒作文集『表現』もその例外ではなく、副題に、「明日を拓くための作文集」とあるように、作文という表現行為を通じて、自分たちの明日を拓くために、内容の不十分さも承知しつつ発行に踏み切った記憶がある。

本号は、創刊号発行から三十号という節目の号を迎えた。思い起こせば、当時の文部省により新教育課程が実施され、「国語表現」という科目が導入されて三ヵ年、その授業の成果を問うべく、ジャンル別・学年別に纏めて、『表現』と銘打ち、他校に先駆けて刊行してから、早や三十年の歳月が流れたことになる。まさに「光陰、矢の如し」の感で、作文指導はもちろんのこと、その編集から予算の交渉に至るまで慌ただしい日々が続いたことや、教科書会社が本誌の存在を認めて見本を求めてきたことが、つい昨日のことのように思い出される。

さて、本題に入る。言うまでもなく表現は、主として言葉と動作による行為である。その言葉の表現行為にも音声表現と文字表現とがある。さらに言うと、前者の、音声言語として口から発することだけが言葉であるように思いがちであるが、特に日本の文化は、「言葉にしない」という表現方法も重要視されてきた。例えば、禅宗では、「不立文字《ふりゅうもんじ》」と言って、悟りは心から心へしか伝えることができないもので、言語や文字によって伝えられるものではないとして、「以心伝心」と共に禅宗の考え方を示す代表的な言葉になっている。一方、動作であるが、これは、いわば「体の言葉」と言ってもよく、茶道や華道、剣道や柔道という修業の「道」と呼ばれるものに通じている。そして、その修業の完成が「型」と呼ばれるものになり、それを身につけた立ち居振る舞いが、その人の人と為りを表現することにもなるのである。

ところで、この生徒作文集『表現』の主目的は、書くことにある。的確な文章表現を試みるためには、先ず多くの文章に接し、物事を深く見詰めなければならない。さらに熟慮を重ねる作業にも挑戦しなければならない。その上で、それを自分の言葉として表現する、という産みの苦しみを経てようやく文章に至るのである。つまり、その人の発する言葉が、その人間そのものを表現するのである。

「国語表現」の学習目標は、「国語で適切かつ効果的に表現する能力を育成し、伝え合う力を高めるとともに、思考力を伸ばし言語感覚を磨き、進んで表現することによって社会生活を充実させる態度を育てる」ことにある。

今回の掲載作品には、この学習目標を見据えた先生方の指導が十分に行き届いており、その結果、多くの佳作が見受けられる。作品群の、その一つひとつに生徒諸君の真剣さが窺い知れて実に心地よく、そこには何よりも作品としての輝きが感じられる。また他にも、作品の巧拙とは別に、その人なりの、その人だけが辿り着いた作品世界の素晴らしさも、その作品から放たれる光芒によって感じ取ることができるのである。

（『表現』三〇号）

第3章　読むことを考える

推薦図書紹介冊子

現代の神殿

三年生は今、選択科目C群の「現代文」で、日野啓三著『カラスのいる神殿』と題する小説に取り組んでいる。

カラスに神殿とは奇妙な取り合わせだと思われるが、まずその題名について考えてみたい。

カラスという鳥のイメージは、一般的には「明よりは暗、吉よりは凶」といったダーティーな感じである。一方の神殿には「人間の生死を司る聖なる所」、あるいは「人間の運命を左右する審判の場所」といった感じがある。それらから鑑みると、なんと意味深長な題名がつけられたものであろうか、と興味が湧いたのである。

この小説の主人公は、腎臓ガンに冒された作者自身であり、ガン摘出手術後一年余りで、いかんともし難い微妙な心の葛藤を生じ、嘗ては家が果たした役割を、現代の病院が担っている社会の様態を透徹した作家の眼で追っている点に特徴がある。

「人が生まれて死ぬ所が家だとすれば、百年前とは言わない、五十年前までは確かにそうだったとすれば、いつの間にか我々は家を失ってしまったらしい」（傍線は関口）という冒頭文で始まるこの小説は、まず現代の家とは何か、について問いかける。家を単に建物や場所、あるいは生活を営む所という意味合いからだけではなく、誕生から死に至るまでの生の拠り所として、更に言えば、人間がそこで生まれ成長し、老いて死を迎えるまでの生存の場所として、また血族が世代から次世代へと連綿と受け継いできた故郷としての家、そういった家の理念を、もはや失いかけている現代社会に向かって、この書き出しの本文二行は見事に問題を提起しているのである。

現代では生命の誕生は病院であり、死もまた病院で迎えるということが大半である。過去、そんなに遠くない昔、生命の誕生は家であり、死もまた家で迎えた。「死に場所を得る」という言葉がある。それは単にどこで死ぬかという場所の問題ではない。自己にとっても他人にとっても意味のあるものとして認められるような、つまり、死を通じて語るべき事態があったと推量される時、家が果たした役割は極めて大きなものであったはずである。そこで生まれ、そこで生活し、そこで死んでいくというプロセスを通して継承された精神は、生命に対してどれ程の豊かさや思いやりなどの情操を育んできたことか。

生命の誕生と終焉という厳粛な儀式を、日常過ごしている家で出遇うことの経験をせずして、生命の尊厳を意識することが可能なのであろうか。最近の、特に青少年犯罪の報道に接するたびに、その思いは一層つのるのである。

病院は今や病気を癒すためだけの一施設ではない。誕生と終焉とに関するドラマと神秘とを一手に引き受ける、いわば神殿のようなものである。そう考えた時、この説明し難い建造物は、作者の心にさまざまな形で映ったに違いない。従って、その中で複雑に営まれる現代社会の必然の現象を、作者は自身の病を通じて浮き彫りにする。題名に神殿という表現を採ったわけも自然に頷けるものがある。

作者の、行間からあふれる生への究極の思想が、作者の生の原質が、見事に結実した作品であるといえよう。

そこで、この教材が提起するのと同様に、生命の根源の問題として、最近相次いで私の心を打った、文春文庫版の二つの作品を奨めたい。江藤淳著『妻と私・幼年時代』と遠藤順子著『夫・遠藤周作を語る』である。両著作に描かれているのは、愛する者の「いのち」と引き替えに捉えた生と死との痛ましくも美しい感動の世界である。多くの逸話や数々のエピソードを通じて語られる人と為り、究極の選択に秘められた「いのち」の深淵さ、等々の世界である。これらに籠められた感動のメッセージを、生徒諸君と共感したいという思いから、両著の精読を、是非、勧めたいのである。

われわれが真摯に一生涯問い続けねばならない命題と、それを追究する姿勢とを共有することができたら、と考えるからである。


（平成一三年度　推薦図書紹介冊子『from me to you』）

さて、老化ということは

人はこの世に生を享けて、「人にして貰いながら」成長する。そして、「人にしてやれるようになって」はじめて一人前となる。やがて老いて、再び人にして貰いながら、己が生涯を閉じる、ということになろうか。私も人生の後半に足を踏み入れて、人にして貰う行為に敏感に反応する自分がいることにしばしば気づくことになる。この心象の動きをも老化というのであれば、身体の老化よりも遙かに重いものと言える。

来し方から行く末へ、心すべきことがこの辺りに潜んでいる、としきりに思うようになった。

そんな日々を過ごすうちに、一冊の詩画集を紹介する新聞の一文に出会った。「星野富弘の世界、『誰も傷つけなかった草よ』」と題された、作家柳田邦男氏の、まるで詩のような散文である。

不慮の事故によって身体の自由を奪われ、僅かに動く口に筆をくわえて、詩と絵を描き続ける元中学校教師星野富弘氏の美の世界を、みごとに唱道した一文である。

ここでは柳田邦男氏の文章をなぞりながら、星野富弘氏の透徹した独自の世界に迫ってみたい。

人は身体が不自由になった時、心で生きる。
人は身体が動かなくなった時、心で世界を見る。
心が身体のぶんまで生きる時、心は言葉に魂を投影させる。
だから、その言葉はいのちの響きを持つのだ。

と星野作品から、言語がもつ本来の機能を明らかにする。

誰かの力を借りなければご飯も食べられない寝たきりの中で、自己回生の道をひたすらたどる富弘氏とその創作魂について、柳田邦男氏はさらに続けていう。少し長いが引用する。

星野さんの詩と絵が多くの人々の心をとらえるのは、星野さんの魂が解き放たれ、自由に飛翔し、重力の重圧感を感じさせないからだろう。頑張らなくていいのを知った魂。

魂はアトムになって蟻の眼に入り蟻の眼で草や石ころを見、自分をも見つめ返す。みみずになって、黙々と泥を喰み泥を吐き、土を耕し続ける。自分の名前さえ知らない花になったり、春の日雄しべと雌しべの丘を旅したり、誰も傷つけなかった枯れゆく草になったりする。

柳田氏のこの『誰も傷つけなかった草よ』のもとになっている星野氏の『まむし草の実』の詩では、「ただひとつのために生き／ただひとつのために／枯れゆく草よ／そんなふうに生きても／おまえは誰も／傷つけなかった」と現状の思いを草に託して語る。

また『いのち』の詩では、「いのちが一番大切だと／思っていたころ／生きるのが苦しかった／いのちより大切なものがある／ことを知った日／生きているのが／嬉しかった」と詩っているが、ここに至るまでの病いとの壮絶な闘いには、察して余りあるものがある。

柳田氏は、作者のいかんともし難い底のない世界を掘り下げながら、日本人独自の自然観へと考察を深めてゆく。

己れの内面の森羅万象への転移と、その対象の眼をとおしての心象の己れへの逆転移という、日本人固有の豊かな心の営みが、そこに息づいている。

と、日本人固有の思想をそこに読みとっている。

さらに視線を変えて、

いま、人々は情報革命と称するものに振り回され、言葉を乾いた記号に堕落させている。

と、現代社会の、ややもすると情報革命という美名の下に、言葉が乾いた記号に堕してしまっていることに慨嘆するだけでなく、強く警鐘を鳴らしているのである。

そして、星野富弘著『鈴の鳴る道』（偕成社）から、次の詩「雪の道」の音読を勧めて、一文を結んでいる。

のろくてもいいじゃないか
新しい雪の上を
歩くようなもの
ゆっくり歩けば
足跡が
きれいに残る

四肢麻痺という絶望の淵から人間の可能性を証した富弘氏の詩は、声を出して読むことでさらに調べと相俟って、私の心を捉えて離さないのだが、加えてわが心を豊穣なものにしてくれたのは、柳田邦男氏の、この短く鋭い文章にある。

やや恣意的になろうが、昨今の老化現象などという思いは、何処かへ吹き飛んでしまい、大きなエネルギーを頂いた感が強い。

（平成一四年度『from me to you』）

還りゆくもの

炎天下に広がっていた濃緑色の世界も、秋の冷気とともに、樹木の葉は一様にそれぞれ時季の光彩を放ち始めている。そして自然の摂理は断絶することなく、やがて落葉して大地へと還ってゆくのである。

ところで、この落葉について私は、単に葉が枯れて落ちることだ、とつい意識に流されてしまっていたが、先目の台風で折れたままぶら下がっている枯れ枝に、落ちずについている葉の姿を見たとき、木の葉が散るという現象は、樹木が生き続けていくためのプロセスの一つであり、散ることも生きることなのだ、と子どものころに教えられたことを思い出したのである。これも自然の摂理から学びとった人間の知恵であろう。

そんな記憶を想起させたのは、五木寛之編『うらやましい死にかた』（文春文庫）である。高校生には少し物騒な題名だと思われるだろうが、そんなことはなく、編者は、韓国の学者の「日本人の宗教心は、ひとつの童謡に集約されている」という意味の言葉を引いて日本人の宗教観を展開させている。ここでは文意を追うことで推奨文の責任を果たしたい。

♪　夕焼け　小焼けで
　　日が暮れて

という、私たちの世代なら誰でも知っている童謡に、それが反映しているという指摘はなかなか面白い。「一日が暮れてゆくように、人生もまた日暮れを迎える、年を重ねるとは、そういうことだろう。そして、黄昏れ時の空に、カラスが群をなして鳴きながら飛んでゆく。遠くからかすかに流れてくる山寺の鐘の音。それまで遊んでいた子供たちが、ひとり、またひとり手をふって帰っていく。かなたに点々とともる家の灯。

♪　山のお寺の
　　鐘がなる
　お手々つないで

皆かえろ

帰っていくのは父や母の待っている自分の家だ。暖かい家族の笑い声と、食卓がそこにはある。さあ、もう一日は終わりだ。帰ろう、あの家へ。

♪　鳥と一緒に
　　帰りましょう

家へかえるのは子供たちだけではない。カラスも、犬も、そして木も、草も、命あるものの全てが還ってゆく。遊びに心残りはあるが、家へ帰るのもまたうれしい。あたりはだんだん暗くなってゆく。しかし、心はおだやかに幸福感にみたされている。

人はみな還ってゆく。それを往生と称することもある。そのイメージには、終焉という感じはない。なにか新しいドラマが始まるのを期待して、波立つ気持ちがある。

しかし、自分が死に直面したとき、はたして「夕焼け　小焼けで　日が暮れて」と、口ずさみながら去ってゆけるものかどうか、と自分に問いかける。

また、「人は自分の誕生を自分の意志で決定することができない。なにものとも知らぬ力によって、この世に泣き叫びながら生まれてくるのだ。しかし、生まれた人間が、みずからの生の終わりを人間的にしめくくることができたとすれば、それはすばらしい人生だ」とその思念を語っている。

さらに、「立派な業績を残さずともよい。名誉や、足跡をきざむこともない。子孫に美田を残すこともいらない。世の人びとの記憶にとどまることもいらない。静かにその生を終えるときに、人間は大きなものを残して去るのだ。うらやましい死にかたとは、そのようなものではあるまいか」、と静かに語りかけるこの本は、その大きなものとは何かを、ひそかに教えてくれているように思うのである。

冬枯れのなかに散ってゆく落ち葉のように。

（平成一五年度『from me to you』）

記憶を遡る、読書

あちこちから「読書の秋」という言葉が聞こえる季節になった。もちろん読書は秋ばかりではない。真の読書好きは春夏秋冬、その日その日のすべてが読書の時ということになるのであろうし、中国では「読書三余」という言葉がある。読書に利用すべき三つの余暇、すなわち冬（年の余）と夜（日の余）と陰雨（時の余）の時、である。そして「読書三到」という読書法では、心と眼と口とを十分に働かせて熟読すれば、内容がよく理解できる、と説いている。

現在日本では読書習慣の普及と読書生活の向上を図るために、十月二十七日から二週間、読書週間が設定されている。本校では十月二十六日を「本の日」とし、図書委員と図書館の先生方が中心になって読書の普及に努めている。

ここでは、私の読書体験を振り返ることで、読書のもつ意味を考えてみたい。

一番多感といわれる年頃の私は、スポーツ（陸上競技）に明け暮れる毎日で、いわゆる「読書三到」なる読書姿勢とはほど遠く、価値ある世界が無限であることなど思いも及ばなかったのである。

また、高校で理系（化学）を専攻した私が、文学の道へと移項したことが、私自身にとっての驚きであったので、大いにこの稿を起こす意義を感じている。

時を経て、五十代半ばを越えた私に、今までの読書が与えた影響は計り知れないものがある。その経験から得たことの一つに、読書には確実に年齢がある、ということである。人生を生きる時期によって読書の方法も異なり、その年齢に相応しい読み方、つまり十代でなければできない十代の読み方があることを理解したのである。また加齢に連れて、本の読み方にも変化が生じ、自分の過去を読みなおす行為と重なってくることも教えられた。

近頃の私は、読書しながら自分の記憶を辿りつ考えることがある。いったい人の記憶とは何歳くらいまで遡ることができるのだろうか。そして、その記憶が、のちのちの自己形成にどのような影響を及ぼしているのだろうか、と。

そんな思いの軌に併せるように現れたのが、本欄で紹介する柳田邦男著の『言葉の力、生きる力』（新潮文庫）である。

筆者は戦後日本のノンフィクション界を切り開いた作家である。筆者は自身の読書体験を語りながら、いろいろなジャンルの人物を登場させ、本がもたらす不思議な作用を一つひとつ浮き彫りにする。

まず、八十六歳の日本画家高山辰雄氏の、五、六歳の頃の、つまり幼児体験の話から始まる。幼い時に友達の家で見た郷土出身の画家田能村竹田の掛軸の墨絵を鮮明に覚えていて、それが、彼の表現手段としての日本画の一番のよりどころになっているというところに着目し、そこから一つの仮説を想定する。

「人はだいたい五、六歳の頃、おそくとも七、八歳の頃に、何かに強く感動したり心を惹かれたりする経験をすると、それが原型となって、右脳の中にどういうものに感じやすくなるのかのレセプター（鋳型と呼ぶべき受容体）が形成されるのではないか」と。さらに筆者の言葉を引用すると、その「感動が強烈だと、レセプターは確固たるものとなり、それからは鋳型にはまる対象を求めて、飢えを感じるようになる。そして、その飢えが受動的な次元にとどまらないで、切羽つまった心境になり能動的な次元に高揚したとき、その人は絵、音楽、演劇、舞踊、写真、映画、小説、詩歌など何らかの表現活動に踏みこんでいくことになる」というのである。

また、同著に盛られている作家井上靖のエッセイ集『わが一期一会』の一文からも証左を試みる。井上が少年だった頃、庭の隅を流れる小川で顔を洗っている時、石けんを流してしまった。その時のことを鮮明に覚えていて、生涯忘れられないでいるのは、「決して取り戻すことのできない喪失感」の「はじめての体験だった」からだという。また、友達と田んぼで凧揚げをした時、自分の凧だけが「すぐに墜落してどうしても揚がらなかったことで受けた打撃」が、井上靖の人生で最初に味わった「絶望感であり孤独感だった」のである。これらの記憶が、後の作家井上靖を作り上げたという逸話は、実に興味深い話である。

私が前者の本に惹かれたのは、こういった仮説を基に人生を遡及して、自分の「はじまりの記憶」へ、自分の意識の芽生え、自己が形成されるプロセス、を客観的に追究しているところにある。何事につけて「私はなぜこのエピソードに心を動かされるのだろうか、その原型は幼少期のどんな体験だったのだろうか」と、すぐに「考えるくせが身についてしまった」という点である。さらに、筆者は、「幼い者の世界には、大人の世界よりも、もっと重大な、しかも本質的意味を具えた事件がたくさん起こっている」と断じ、幼い頃の体験が、いかにその人の人生に影響するかを提起している。従って私達は、そこに、その記憶の源泉に、言葉があり、その一つに読書体験がある、ということを読みとることができる。

筆者はここで、自身の読書体験を語りながら、本との対話を通して、もう一人の自己を発見し、人間認識を深めるプロセスを克明に記している。そして読者は、このような本との対話が、読み手自身の自己発見となり、人間認識に繋がることを知るのである。

人間とは何か、について考えることは、なにより自分自身を掘り下げることである。自分とは何者なのか、これは人類が追究して止まない永遠のテーマである。この難題の解法の一つの形を示しているのが書物であり、難題を読み解くための継続的な行為が読書なのである。

感銘深いこの一冊を、是非奨めたい。

（平成一七年度『from me to you』）

小説を読むこと

三十三歳で夭逝した人物が、生誕から百年ほど経った今でも生きている、とは、『山月記』の作者、中島敦のことである。『山月記』という作品は、戦後間もなくに高校国語の教材として採り上げられ、私も高校時代にこの作品を授業で学んだし、現在もなお高校生が学び続けているという息の長い作品である。

今年は十名の卒業生が母校で教育実習を行った。そのうちの三名が国語科で、一年生と二年生を担当。教材は、一年生が芥川龍之介の『羅生門』、二年生は『山月記』である。両学年が共に小説を扱うということで、今回の参観授業を機に、『山月記』から、「小説」

を読むことについて少し私見を述べてみたい。

この作品は、中国の伝説の一つ、怪異な変身譚『人虎伝』に材をとり、芸術至上主義の生き方と、よりよい人生を志向しようとする願いとの狭間で苦悩する人間の姿を描いた作品である。

主人公隴西《ろうせい》の李徴《りちょう》は、博学才穎《えい》で、若くして名を虎榜《こぼう》に連ねるほどの人物であったが、性、狷介《けんかい》、自負心が強く、役人として名をなすより、詩人として名を死後百年に遺そうとし、ひたすら詩作にふける。しかし文名は容易に揚がらず、生活は日を追うて苦しくなる。ついに貧窮に堪えず、妻子の衣食のために、節を屈して地方役人の一人になったが、彼の性癖から自尊心は傷つけられ、焦燥と絶望感とに苛まれ、さらに狂悖《きょうはい》の性はいよいよ抑え難くなり、とうとう発狂（虎化）する。

作者は、人間を虎化するという極限状態に曝《さら》すことで、人間性の真実を探求しようとするのであるが、人虎となった李徴が、人間と虎との狭間でいかに苦悩したかは想像に難くない。

虎になった李徴は、かつて同年に進士の第に登り、今は遙か高位に進んだ旧友袁傪《えんさん》との思いがけない出会いを通して、運命に翻弄される生きものの哀しい宿命《さだめ》と苦悩を、「なぜこんなことになったのだろう。わからぬ。全く何事も我々にはわからぬ。理由もわからずに押しつけられたものをおとなしく受け取って、理由もわからず生きてゆくのが、我々生き物のさだめだ」と、吐露する。

そして、芸術のとりこになってしまったものの運命におののきながら、「産を破り心を狂わせてまで自分が生涯それに執着したところのもの」を後世に伝えないでは、「死んでも死にきれないのだ」と、己の作品の伝録に執着する。

異類の身と成り果てた李徴は、叢中から、その懐《おも》いを即席の七言律詩に込めて言う。

偶ミ因ツテ二狂疾ニ一成ル二殊類ト一
災患相仍不レ可カラレ逃ル
今日ハ爪牙誰カ敢ヘテ敵センヤ
当時ハ声跡共ニ相高カリキ
我ハ為リテ二異物ト一蓬茅ノ下ニアレドモ
君ハ已ニ乗リテレ軺ニ気勢豪ナリ
此ノ夕べ渓山対シ二明月ニ一

不レ成《シテ》二長嘯《ヲ》一但《ダ》成《スノミ》レ嘷《ヲ》

大意は、「ふとしたことから心を病んで、狂気の結果身は獣類となってしまった。災難が内からも外からも重なって、この不幸な運命から逃れることはできないでいる。虎の身となった今では、自分のこの鋭い爪や牙に誰があえて敵対することができようか、誰もできはしない。思えば、以前進士に登第したあの頃は、私も君も共に秀才として名実兼ね備えて世の評判も高かった。ところが今、自分は獣となって草むらに隠れ、君は出世して軺車に乗りすばらしい権勢である。この夕べ谷川や山を照らす明月に向き合い、私は長く詩を吟ずることもなく、ただ悲しみのあまり短く吠え叫ぶばかりである」となろうか。かつて郷党の鬼才といわれた李徴が、今も虎の中に生きているしるしをこの詩に託すのである。

　この人虎李徴の作品に対し、旧友袁傪は感嘆しながらも漠然と、「なるほど、作品の素質が第一流に属するものであることは疑いない。しかし、このままでは、第一流の作品となるのには、どこか（非常に微妙な点において）欠けるところがあるのではないか」と感じるのである。その漠然とではあるが、作者が袁傪に感ぜしめた「非常に微妙な点で欠けるところ」を解明してゆくことが、『山月記』を、ひいては中島敦文学を解く一つの鍵になるのである。

私はかつて生徒と、この「微妙な点で欠けるところ」とは何かを巡って、さまざまな角度から謎解きを試みた。実習生諸君も当然この点を考えて貰いたいが、私自身は、これが充分に明確だ、という答えは未《いま》だしの状態にある。

翻って、この『山月記』のみならず、広く小説を読むという意味行為について言及すれば、読む側の人のそれぞれが、自分の人生と照合し、自己の発見構築に努めるということに尽きる。人は生きるという行為の中で、老若男女を問わず、自分でしか捉えることのできない生きることの意味を、多くの小説から見つけ出してゆくことが、よりよく人生を生きることに繋がるのである。それが小説を読むことの意味であると言えよう。

この度、教育実習生の研究授業に触発され、乞われるままにこの稿を書くことになったが、目まぐるしく変現するこの時代に、百年も前に生まれた作家の作品（古典ではない）を、私も高校の教科書で学んだという事実、加えて、今もその作品の影響を受け続けているという読書体験の重さに深い感動を覚えるのである。

ここで中島敦という作家の人生に思いを馳せてみる。漢学を家学とする家系に生まれ、数回の転居転校。三度も替わった母親とその死。弟妹たちの相次ぐ死。宿痾《しゆくあ》の喘息発作。

生まれたばかりの長女の死、等々。波瀾に富んだ事々《ことごと》は枚挙に暇《いとま》がない。

しからば彼は、その波瀾万丈の生涯を、悲しみや苦悩のみを一身に負って、薄倖のうちに夭逝した作家であったのか。それは、否《いな》である。中島敦は、筆を執っている間中、運命に翻弄される自己をいとおしみつつ、自己の時間を自己が支配するという至福な時を経て、この世を一気呵成に駆け抜けた作家ではなかったのかとひそかに想像しているのである。

（平成一八年度『from me to you』）

読書について

「つらいとき、しおれた花に水をやるように、心に如雨露《じょうろ》でかける幾つかの言葉がある」こういう書き出しで、某日の『読売新聞』のコラム欄、「編集手帳」は始まる。そして、小学三年生の男の子の詩を掲げて展開する。

交かん

人間ってね

イヤなことが
いっぱいたまると
幸運と交かんできるんだよ

と。私は、この詩の作者が小学生であることも忘れ、その豊かな感性と鋭い言語感覚に思わず心打たれた。そうして私の心は、大人の私にも、彼の言う幸運なるものと交換できる日がやがて訪れるかも知れない、という密かな期待感に心満たされたのである。

冒頭に最近、感銘を受けた思いの一端を述べたが、ここで生徒諸君と、良書といわれる本について考えてみたい。幼い頃からよく、良書を読みなさい、と教えられたが、良書とはいかなるものをいうのだろうか。すべての人にとっての良書など、果たして存在するのだろうか。人それぞれに好みや価値観が異るのに、この本がいいと決定できるような絶対的な基準などあろうはずはない。従って、この本は、ある読者にとっては良書であると限定せざるを得ないのである。その考え方に立って、改めて多くの方の推薦する良書を求めてみようではないか。

詰まるところ、読書という行為は、万人に向けて大量に出版された本を、その人個人が意識的であろうと、偶発的であろうと選んで読む行為である。従って、その人にとっては個人的な体験であり、作者との一対一の関係を構築することが読書という行為の意義なのである。その関係が立派に成立した時、その本を、良書と呼ぶのである。

良書との出会いは、まさにしおれた心にかける如雨露の水である。諸君ら一人ひとりの人生に、希望の灯を点《とも》し続ける良書たちに巡り会えることを願っている。

（平成一九年度『from me to you』）

無限の叡智と

茶聖千利休（一五二二～一五九一）の道歌に、

茶の道は心に伝へ目に伝へ耳に伝へて一筆もなし

というのがある。また禅宗では、「不立文字《ふりゅうもんじ》」といって、悟りは心から心へしか伝えることができないもので、言語や文字によっては伝えられるものではないとして、「以心伝《いしんでん》心《しん》」とともに禅の考え方を示す代表的な言葉になっている。

ところで、現代は識字文化の時代である。つまり言語によって自己表現をし、人間関係を結んで成り立っている文化なのである。にも拘らず最近の若者は、その言語活動で重要な位置を占める本を読まない、所謂「活字離れ」が著しいとの批判をよく耳にする。が私は、一概にそうとばかりは言い切れないものを感じている。確かにテレビ等の映像文化の発達は、今の若者から、書物を通して人生について深く考えたり、じっくりと思索したりすることを遠ざけているように思える。その反面で、厖大な出版物やインターネット等の普及によって、若者はむしろ「活字まみれ」の中にあってのそれであることも忘れてはならない。

もともと言葉は、われわれの意識と物質との相互作用から人類が創ったものであるが、それを文字という有限の記号を通して、読みに無限の世界を創出するという人間の叡智なのだ。さらに言えば、文字化は先人の知恵を後世に伝えるべく人間のみが成し得た最大の事業なのである。従って、生徒諸君が求める一冊の書物に収められた言葉の数は有限であっても、その言葉の読みは無限のバリエーションたり得るところに読書の真髄があるのである。

人はそれぞれ、この人に出会えて良かったと思うことがあるように、この本に出会えて良かったと思える本が何冊か、あるいは何十冊かあるはずである。就中《なかんずく》私も、「心を揺さぶられた文章」に何度か出会い、もしあの時あの文章に出会えていなかったら私はどうなっていただろう、と思うことがある。生徒諸君の中に、未だそのような本に出会えていない人がいたら、この「本の日」を好機として、強引であっても出会うための努力をしてほしいと願っている。

（平成二〇年度『from me to you』）

苦楽しいこと

ある会合で、三木武夫元総理大臣（本校との関係は、『保善高等学校六十年史』五六六頁参照）が、「どうしたら、いい文章が書けるのかねえ」と問いかけると、作家の井上靖さんが、「いい文章を読むことです」とこともなげに言ったので、三木さんは、痛く感じ入った（評論家・岩見隆夫）そうである。

「畳の上の水練」という諺がある。畳の上でする水泳の練習は、所詮は理屈だけのものであるとの意から、実践が伴わなければ何の役にも立たないことの譬えである。だが、文章を書く場合は、いい文章を読むことそれ自体が、いい文章を書くことに繋がっていると いうことなのだろう。

一方で、同じ作家の遠藤周作氏は、小説を書くのは、「苦楽《くるたの》しい」と言った。氏の、独自の造語である。ほんとうに楽しいことを追究していったら、必ず苦しみがつきまとうということだろう。さらに氏は、「善魔」という言葉も創ったそうだ。自分が正しいと思っての善行にも、やがては知らず識らずのうちに傲慢の風が吹き始めるという、警鐘の意味が込められた造語のようである。人が人の心を持って生きるということは、なんと難しいことであろうか。

だから、臨床心理学者の河合隼雄が、人間の心がいかに分からないかを骨身にしみて分かっている者が「心の専門家」だと言ったのも頷ける。「善魔」とは、分からないことの意味を踏まえて心を知ることの難しさを表したネーミングなのだろう。

サン・テグジュペリは、名作『星の王子さま』で、「大切なものは目に見えないんだよ」とキツネに言わせている。目に見えないものを形にしたり言葉で表現したりすることはできても、大切な人と人との絆などは決して目に見えるものではない。それだからこそ人は、その目に見えない大切なものを求めて日々の模索を続けるのである。大切なものを見つけ出す道のりは決して容易なものではない。しかし、読書という行為は、確実に大切なものを見つけ出せる道へと繋がっているのである。

本屋で、ふと手にとった本を読み進めていくうちに、私は、反対にこの本に探されていたのではないかと思う瞬間がある。その本から、読むことの資格が与えられたように感じる瞬間である。必要とする時に必要とする本に出会えた感動は、まさに筆舌に尽くし難い。

（平成二一年度『from me to you』）

活字文化を考える

学校で、各自が好きな本を読む「朝の一〇分間読書」の時間が広まるきっかけとなった「子どもの読書活動の推進に関する法律」が制定されたのは、二〇〇一年の一二月である。次いで、二〇〇五年七月に、人々の読書離れ活字離れ、を憂慮して、「文字・活字文化振興法」が制定されたが、それが、折からの郵政民営化問題の騒ぎの最中だったので、ほとんど注目されることもなく、時の過ぎるままになった。

ところで、グーテンベルクが活版印刷を発明したのは一四五〇年頃、今から遡ること五六〇年以上前のことである。以後、印刷文化が社会に大きな影響を与えつづけることになるが、一七〇九年にイギリスに著作権法が生まれ、フランス、ドイツがそれに倣った。この著作権の登場は、活版印刷文化の成熟度を示す極めて重要なものになったが、わが国では、いろいろな時代背景があって、つい近年まで曖昧であった。

そこで、ここでは、本校の「本の日」に因んで、この活字文化について考えてみたい。

現代は、テレビ放送やインターネット、そして携帯電話など、短時間で多くのことを伝達できる音声映像文化が社会の中心をなしている、といわれている。だが、無秩序に膨れあがった情報世界は、どこが始まりでどこが終わりか、また、どこにその中心があるのか、掴みどころがない様相を呈している。これに比して、文字を媒体とする活字文化は、編集という作業を伴って情報に骨組みを与える。例えば、新聞には見出しをつけ、本には章立てと目次をつけるなどして、著者の思考構造を明らかにする。活字は、情報と人間との間に距離をつくり、落ち着いて現実を凝縮し、意味深いものにすることができるのである。

さらに活字文化を遡れば、学問そのものの形を変えた。語り部である人間が記憶に頼って伝承してきたものを、印刷した記録によって保存、伝承するようになって、「歴史学」が生まれた。しかし、一方で、活字文化は歴史的方法によらなければ学問ではない、という偏見もつくり上げた。記録を信用し過ぎるという、いわば机上の学問を生んだのである。正確な記録さえあれば過去が再現できる、という楽天的な迷信をつくり上げた。どんなに詳しい記録をどれ程うずたかく積み上げようと、過去は決して再現できるものではなく、あったそのままの過去を知ることなど不可能であることの自明の理を、活字は自ら教えているのである。

このような観点に立った理解力、解釈力、洞察力をそなえた活字の読み手を育てることが、これからの活字文化の発展に繋がる一つの道であろうと推察するのである。

従って、われわれが、このような学問の真理に導かれる賢い読み手となるためには、小手先の読書技術を振り回すだけでは、本当にものを読み、考えることがいかに大切であるかを覚《さと》ることはできないのである。況んや、法律などによって定められるべきものではなく、それは学校や家庭が腰を据えて取り組まなければならない最重要課題なのである。

本校図書館でも、これを主目的にして日々の努力を重ねてきているが、この「本の日」を機会に、生徒一人ひとりがさらに成熟した読書人になるよう期待する。

（平成二二年度『from me to you』）

本に接する前と、後では

人は、自分が学んできたもの以上のことは人に伝えられない。だから、人は学び続けるのである、というのが私の日々の経験から、再認識したことである。

この社会には、理不尽なこと不条理なこと非合理なこと、そして不公平なことがあまた存在する。

夏目漱石は、小説『草枕』(一九〇六発表)の冒頭で、

山路を登りながら、こう考えた。智に働けば角が立つ。情に棹させば流される。意地を通せば窮屈だ。とかくに人の世は住みにくい。

住みにくさが高じると、安い所に引き越したくなる。どこへ越しても住みにくいと悟った時、詩が生まれて、画が出来る。

人の世を作ったものは神でもなければ鬼でもない。やはり向こう三軒両隣りにちらちらするただの人である。ただ人が作った人の世が住みにくいからとて、越す国はあるまい。あれば人でなしの国へ行くばかりだ。人でなしの国は人の世よりもなお住み

にくかろう。

と、人の世に生きる難しさを軽妙洒脱な文章で描き出している。

初めに私は、この社会の機微の問題を、「あまた存在する」と他人事のように書いてはいるが、漱石のお見通しの如くその一因をなしているのも私であり、感じているのも私自身なのである。

最近とみに「現代は生きづらい時代になった」との話を耳にするが、人類に、人類が生きづらくなかった時代など存在しないことを『草枕』はいみじくも示している。

人は、人生を真摯に生きようとすればするほど障壁が多くなり、それを乗り越える努力に、応分に答えてくれるのが本だ、と私は思っている。本を読むことによって、読み手の世界が一変し、その本に接する前と後とではまるで別人のようになって、より確かな自己が構築されてゆくからである。

私は、人に本を薦めるのがこの上なく好きだ。「この本を読みなさい」などと偉そうに言うことが嬉しいのではない。良質で豊富な読書量を獲得することによって、自分の足らざるものを自らが補い、自らの思考を深めつつ、成熟への道に邁進する生徒諸君を想像するのが、何よりも楽しいのである。

（平成二三年度『from me to you』）

書物は静かな語り部

「草木は光を浴びて育ち、人は言葉を浴びて育つ」というのが、私の教育への一つの思いである。

人が育つための最大の行為が読書である、と言っても過言ではない。ただ、読者が自分から求めて行動しない限り、書物の方から近づいて来ることはない。書物は音声を発しない静かな語り部なのである。

本は、読まなければ紙の上にインクで書かれたただの点と線に過ぎない。が、私達が、ひと度その本の扉を開いて文字を読み、言葉の一つひとつを辿りながら、筆者の思想と対話することで、筆者の世界観が顕現してくるのである。

読書の喜びは、自分というものの中に、もう一つの世界を経験させることによって、今までの自分から抜け出し、新たな自分を構築する、ということにある。

自分から音声を発しない本という世界を的確に捉えるのは、考えると容易なことではない。詩でも小説でも評論でも、あるいは学術論文でも、自分のセンサーの感度を最大にして、微かな音をも聴き分ける、筆者の識閾《しきいき》以下の入力をも受信する覚悟で臨まなければ、なかなかその本然の姿は現さないのである。

ところで、明治時代に毒舌の評論で鳴らした斎藤緑雨の警句がある。「涙ばかり貴きは無しとかや。されど欠《あく》びしたる時にも出づるものなり」。涙は貴いものだが、欠伸《あくび》でも涙は出るというのである。また「無邪気は愛すべく、無責任は憎むべし。されども無邪気は、無責任の一種なり」と。幼な心は愛すべきことだが、無責任は憎むべきことである。だが、大人の無邪気さは無責任の一種でもある、というのである。この緑雨の反語的皮肉は、百年の時を経て今日、深い人間洞察が窺え、真に心躍るものがある。

視野の広さから勁《つよ》さが生まれる。私は読書の度に、この言葉を噛み締めている。

（平成二四年度『from me to you』）

読書から見えるもの

本は、読んだ分だけ足もとに積んで、その上から世界を見ることができる。十冊読んだ人は十冊分、百冊読んだ人は百冊分の高さから、その分だけ遠い世界を見晴るかすことができる、という内容の本をどこかで読んだことがある。形而上的にも物理的にも、読書に精通した人の見方であり、その表現力に私は感心した記憶がある。

さて、孔子の『論語』「為政編」では、「知之為知之、不知為不知、是知也」とある。つまり、知っていることは知っているとはっきりさせ、知らないことは知らないとはっきりさせる、これが真の知るということなのだ、と教えている。

知ることによって獲得した知性は、自分が何を知らないかを知ることを前提にしているのである。

ところで、「知」という文字は、「矢」と「口」で構成されている会意文字で、口は、いのる言葉の意。「矢は、やの意味。矢をそえていのり、神意を知ることから『しる』の意味を表す」(『漢語林』)のである。

しかし、当然のように知っていたはずのものが、とんでもない間違いであることに気づくことがある。誰もが一度は口ずさんだことのあるはずの童謡『赤とんぼ』の、

夕焼け小焼けの赤とんぼ　負われて見たのはいつの日か
山の畑の桑の実を　小籠に摘んだはまぼろしか

十五で姐《ねえ》やは嫁に行き　　お里のたよりも絶えはてた
夕焼け小焼けの赤とんぼ　　とまっているよ竿の先

三木露風作詞、山田耕筰作曲

の歌詞「負われて」を、若き日の私は、赤とんぼに「追われて」だと思っていたのである。また、十五で嫁に行った「姐や」は、「自分のお姉さん」だと思い込み、さらに「お里のたより」も、なぜ「絶えはてた」のか、を考えずに歌っていたのである。後に考えてみると、作者が幼い頃に、お手伝いの女の子に背負われて見た赤とんぼのことであり、また、その女の子が十五歳でお嫁に行ったことから、その子の実家からはもう便りが届かなくなったことなどが、分かったのである。

難しいことを知ることで世界観を広げるのも読書なら、既に知っていることから間違いに気づくこともまた読書なのである。

（平成二五年度『from me to you』）

一生の宝物

もし、あなたにとって一生の宝物は何か、と問われたら、私は躊躇なく、本である、と答えよう。

勿論、この世に生をうけてこの方、縁あって触れ合ったものの全てが宝物であろうが、取り分け、生涯にわたってその価値を持ち続けるものとなると、やはりそれは本である、と私は明言したい。

昨今、手軽で便利な電子書籍が、若い人の間で人気を得ている。もとより、それはそれで意味を持っていると、メカに弱い私でも十分に理解はできる。

しかし、私は、「本」という形があって、それを開いて、読んで、読み了えて、本棚に収めてその背文字から、日常の自分の知の世界の広がりを実感できるという点で、紙の書籍と電子書籍とは価値の相違を感じている。そしてそれは、自分の精神史を秘かに確かめる悦びにも通じており、本棚の本と共に、それらの一つひとつが私の心に確実にストックされ続けることを考えると、計り知れない歓びに浸れるのである。

さて、先日私は、ある新聞の出版物の紹介欄に心惹かれた。数人の作家を選んでインタビューする重松清氏の姿勢に、である。ここに引用して、読み手側ばかりでなく、書き手側の思いにも少し触れてみたい。

人に会う企画である。人選は僕に任せてもらった。基準は、ただ一つ。インタビューの最初の質問で声が震えてしまいそうなひとに限る、とした。間違っても、新刊のPRを兼ねた「社交」の対話にはしたくない。ちょっと恰好つけて言い換えれば、「(聞き手／書き手が）俺でいいのか？」という問いを突きつけられつつのインタビューでありたい、ということでもある。

(『この人たちについての一四万字ちょっと』重松清)

この重松氏の「声が震えてしまいそうなひとに限る」という一文に、私の心も震えたのである。ただ単に、本を読んで楽しむということだけでなく、出版する側の思いにも心を馳せることの大切さを示唆しているからである。そして、同時にそれは、本を愛する者の使命感でもあるように思えたのである。私も、生徒たちとの学校生活を綴った小著を出版したことがあるが、今も私の教師生活を振り返る宝物になっている。

芭蕉曰く、詩歌に親しむ風雅の心があれば、この世の見るものすべては花であり、思うもののすべてが月である、と。心に銘じたい言葉である。

（平成二六年度『from me to you』）

人生の見巧者《みごうしゃ》に

血湧き肉躍るような書物に出会えた時の感動は、何物にも代え難いもので、私の日常を頗る豊かなものにしている。

だが、留意しなければならないのはその読み方である。無論、生徒諸君は、自分の好みに合わせて自由に読めばよいのであるが、ここではもう一歩踏み込んで考えてみよう。それは、本を読む姿勢について、である。己を空《むな》しうして読むことの大切さについて、である。そうすることで良書は、われわれの眼前に本当の姿を現すのである。読書という行為を通じて、実は自分自身を読むことでもあることに気づかされるのである。

「人間ってこうだ」、「社会ってこうだ」、と決めてかかる人がいる。ものごとを一括りで見るほうが楽だからである。個々の価値観や、差異の一つひとつを追究していくと、その多様性に怖気《おじけ》づかされるからある。世間ではよく、貧しい人は心が清らかで、反権力者は人間性に富んでいる。金持ちや権力者は悪人で、有名人なら信じられる、などと軽々に言う人、いわば、理解の混同が窺われる人がいる。が、現実は、そのどれも当て嵌まると言えるし、またどれも当て嵌まらないとも言える。つまり、完全な善人も、また完全な悪人もいないということなのである。だから、自分の中にも悪の部分が潜んでいることを認識した時に、人は自然に謙虚な生き方が生まれるのである。

若いうちはとかく、安直な批判に走ったり、また、老いると安直な守りに入ると言うが、いずれも同じくらい幼稚な思考であることを、私は日々読書から学んでいる。

能楽や歌舞伎などの芝居用語に、見巧者という言い方がある。芝居の見方が上手い、通人を言うのである。その人たちは、観る、読む、聴く、感じるなどの才能に秀でているが、それはややもすると、眼高手低の評論家に陥り易く、また、独善的な見方にもなり易い。しかし、この人たちのお蔭で芝居は育っていることを考えると、私は読書を通じて、人としてバランスのとれた人生の見巧者を目指したいと思っている。

（平成二七年度『from me to you』）

「本の日」に因んで

先日、ある新聞が大見出しで「電子書籍アマゾンも『読み放題』、きょうから出版業界に影響予想」という記事を掲載した。インターネット通信販売大手のアマゾンジャパンが、八月三日から電子書籍の定額読み放題サービスを始める、というものであった。同サービスは、二〇一四年の七月に米国で始まり、英、独、インドなどに続き、日本は世界一二か国目となる。出版科学研究所によると、昨年の電子出版の推定販売金額は一五〇二億円で、前年比31・3％増、複数の事業者が読み放題サービスを始めた模様である。著名作家の小説をはじめ、書籍や漫画、雑誌など和書一二万冊、洋書一二〇万冊以上が読めるようになり、出版界全体に大きな影響を与えることになりそうである。

そこで私は、本校の「本の日」に因んで生徒諸君に、電子書籍と紙を媒体とした本との違いを考えて貰いたいと思ったのである。

電子書籍の利点は数多考えられようが、最大の利点は、いつでもどこでもオンデマンドで買えることである。つまり読者が、読みたいと思うものを読みたい時々に速やかに読めるということだ。しかも、廉価で手軽に扱えるメリットに、私は、これからの電子書籍の方向性が明示されたように感じたのである。

それに対して紙の本には、物理的立体の「厚み」という条件がある。しかも値段は高価であり、その上、保管場所がないとその価値を保持できないというデメリットもある。

しかしながら、それでも私は、その一見問題とも思われそうな本の厚みに無限大の価値を感じている。それは、単に私がメカに弱いことからくる否定ではなく、この物理的な本の厚みの存在が、私の読書体験には重要な意味を持つからである。自分は今、どこまで読み進めているのか、終盤に差し掛かっているのに、この新たな場面展開の意味は…、などと、残りの頁数を感じ取る指先の感触が、作品を更に掘り下げようとするからである。同じようなエピソードも、物語のどの辺りで登場するかで、当然解釈にも変化が生じてくる。思想家内田樹氏の「手に持った本の頁をめくりながら、手触りや重み、掌の上の本のバランスの変化、そういう主題的には意識されないシグナルに反応しながら、無意識的に自分の読み方を微調整している」という表現に触れて、私は、作品は作者と読者とが共に創り上げるものである、との思いを新たにしたのである。

読書の喜びは、本を読むことを通じて自分の知らなかった世界を知ることである。それはまた同時に、新たな自己の発見にも繋がる。昨今の辞書・事典類を含めた電子書籍の普及は、私に、情報リテラシーの問題からも熟考することを強いるのである。

（平成二八年度『from me to you』）

新しい時代に向かって

読書の醍醐味は、季節や時間、あるいは場所に左右されることなく心ゆくまで鑑賞できる点にある。それは、冬に炬燵にあたりながら灼熱の太陽の下をひた走りに走る気分に浸ったり、夏にクーラーの効いた部屋で思い切りゲレンデスキーを楽しんだりすることに通じている。

そこで本稿は、このような時空を超えて存在する読書の魅力に加えて、「電子メールと手紙」について、生徒諸君とともに考えたいと思う。

最近、「デジタルネイティブ世代」という言葉をよく耳にするようになった。物心がついた頃からインターネットをはじめとするデジタルテクノロジーに囲まれて育った世代のことである。年代的には一九九〇年前後生まれ以降の世代である。また、その世代以前に生まれ、人生の途中からＩＴ生活を取り入れた世代をデジタルイミグラント、つまり、デジタル移民と呼ぶそうである。その人たちの言動から推し量ると、朝起きて最初にするのはメールをチェックすること。また、出掛けたり買い物をしたり、何か行動を起こす場合には、先ずネットで検索する。また、ネットでニュースをフォローしているので、紙を媒体とする新聞は読まない傾向にあるようだ。従って、その送受信の速さには目を見張るばかりである。

一方、「手紙は心の貴族が書く」とは英文学者外山滋比古氏の言である。「心の豊かな人はどんなに忙しくあわただしい生活をしていても、手紙を書く時間を見つけるものだ」と。手紙にあって電子メールにないものは、ゆっくりと流れる贅沢な時間であり、手書きの文字から伝わるその人の情感である。時に若い人のメールは、人生経験の浅さに加えて情報伝達を急ぐあまり、早計な結論づけに浅薄さを感じることがある。勿論、電子メールのスピード感溢れる便利さは、なにものにも換え難いものであることを認めつつ、短時間で作られたものには、短時間で壊れる脆さや危うさを感じるのである。

先日、五人の教育実習生が母校での三週間の実習を終えてそれぞれの大学に戻って行った。「団塊の世代」の私には、まさしく彼らに「デジタルネイティブ世代」を地で行くものを感じたのである。人間という不可解で奥深く、そして切ない存在の生きものが、この実習生たちの世代の次の世代では、一体どんな表現方法を案出し、どういう未来を構築することになるのだろうか。新たな時代に相応しい気概を持たねば、と思う昨今である。

（平成二九年度『from me to you』）

読書は、忖度の極みである

読書していると突然、己れの心の奥にあるものと共鳴して、思わずその行に傍線を引いてしまうことがある。所謂心の琴線に触れた瞬間であり、著者の思いと読者である私の心中に潜在する思いとが一つになって浮上する瞬間の表現行為である。

さて本校では、今年度（平成三〇年四月）から「朝読書」と称して、朝の「ホームルーム」の一部を自分で選んだ本を読む時間と定めている。顧みると、八年前の平成二二年度の本欄に「活字文化を考える」と題して、私は次のように書いている。

学校で、各自が好きな本を読む「朝の十分間読書」の時間が広まるきっかけとなった「子どもの読書活動の推進に関する法律」が制定されたのは、二〇〇一年の十二月である。次いで、二〇〇五年七月に、人々の読書離れ、活字離れを憂慮して、「文字・活字文化振興法」が制定されたが、それが、折からの郵政民営化問題の騒ぎの最中だったので、殆ど注目されることもなく、時の過ぎるままになった。（中略）

従って、われわれが、このような学問の真理に導かれる賢い読み手となるためには、小手先の読書技術を振り回すだけでは、本当にものを読み、考えることがいかに大切なものであるかを覚《さと》ることはできないのである。況んや、法律などによって定められるべきものではなく、それは学校や家庭が腰を据えて取り組まなければならない最重要課題なのである。（以下略）

と。ここに小文を再掲するに当たって、隋分と気負った書き方をしていたものだと汗顔の至りではあるが、今でもその思いは微動だにしない。

翻って、近頃「忖度（そんたく）」という言葉が流行している。この言葉の意味を改めて考えてみると、「忖」も「度」も推し量る意で、相手の心中を察してその人の身になって考えること（『大辞林』）である。が、私は昨今、その第一義的な意味から少し逸脱して使われていることが気になるのである。勿論、言葉の意味が時代の変化と共に変わる運命にあるのは、辞書の改訂版を見ても一目瞭然であるが、日本語によるコミュニケーションや思考には、論理的に意味をなす「表の意味」と、察し等で把握する「裏の意味」とがあることを理解しなければならない。忖度するなどはその代表的な例である。また、古典・文学作品を代表する『源氏物語』から近現代の小説や評論に至るまで、あるいは詩や短歌、俳句をより深く味わうためには、表、裏両面の意味から推し量らなければ理解の本質に迫ることはできない。読書は、忖度の極みなのである。

（平成三〇年度『from me to you』）

第4章　高校生と考える

卒業文集

輝ける日々

ふるさとの山に向ひて
言ふことなし
ふるさとの山はありがたきかな

と石川啄木は歌集『一握の砂』の中で詠んでいる。ふるさとの山や河に向ってありがたいと感ずる心は、そこを離れて初めて抱く感慨であろう。

普通ふるさととは、生まれ育った所、幼少年期の肉体的精神的に不慥かな時代を過ごしたところということになろうが、真のふるさととは、より慥かな精神の向上が認められたところ、つまり心が育ったところを言うのではあるまいか。

その意味から、人生で一番多感な高校生時代に、何を教えられ何を覚えたか、何を体験し何に感動したか、どのような時に辛抱し、どのようなことに耐え、また夢中になり、決断したか、等々は、これからの君達の人生を決定する源泉であると言っても過言ではない。

その大事な三年間は、私にとっても自分と向き合う大切な歳月であった。私は教師という職業が何より好きで選んだ。傲慢な言い方をすれば、天職であるとすら考えている。ところが選んだ天職が、現実の中でいつしか風化され、単なる職業と堕し、自らに歩みをとどまらせることの怖さを君達の眼は戒めた。子供でもなく、大人にもなっていない一種不可思議な光を放つ君達の眼が、その歳月とともに輝きを増しながら変化する姿は、ややもするとマンネリズムに陥りがちな私の心を浄化させた。私の心のふるさとは、あるいはその辺りに潜んでいるのかもしれない。

君達は今、保善という心のふるさとを巣立つが、新しい時代は新しい人達によって創られる、の言の通り、力の限り生きて欲しい。いい思い出は一所懸命の中でしか生まれない。野の草が風に揺れるように、小さなしぐさにも輝きがある。お互いにそんな日々でありたい。

（昭和六三年度　卒業文集『欅林』）

慥かな人生の源に

六組の諸君、「卒業おめでとう」、月並みな言葉ですが、この語のもつ意味はお互いにとって大きいのです。

人生の様々の節目の、その節目の一つが今日成ったという意味で、心から御祝いを申し上げたい。ただ君達の前途を推し量る時、手放しで喜んでばかりはいられない気がします。なぜならば、人は成長を重ねてゆくうちに、自分を取り巻く複雑さや物事の深淵さが観えてきて、必ずしも人生を生き易くはしてくれないからです。

朝のラッシュ時、駅の改札口からは人の波が溢れるように押し出されてくる。その人混みを右に左に躱《かわ》しながら進む光景の中で、私はしばしば人間の、事物や対象の理解や認識に至る視点について考えることがあります。私が朝対面する人達は、人物こそ異なれ、再び夕方には相対する人達です。いつも一方向にしか進行していけず、一定の視点から逃れることができない私という人間は、時折り振り返っては他方向を認識しようとするのですが、やはり一面的で、極めて限られた視点でしか対象を把握することができないことに気づくのです。そこで視えていることや捉えていることの側面だけが、対象そのものであると思い込み、果てには何時《いつ》の間にか恰《あたか》も全ての点で対象を網羅しているかのような錯覚に陥ってしまうのです。人を理解したり物事を把握したりする時に、そういった大きな落し穴のあることに人はなかなか気づきにくいものです。その最も陥り易い穴、いわゆるマンネリズムの世界から、人間の持つ認識がいかに一面的であるか、視点の移動を絶えず図ることがいかに大切であるか―そのことを日々の教育活動の中から教えてくれたのは誰あろう、実は君達であったのです。

教師たる私も、ともに成長を目指した三年間でした。その月日が慥かな人生の源にならんことを祈念します。

（平成三年度『欅林』）

原風景からの旅立ち

心とはいかなるものを言ふならん
墨絵に書きし松風の音

と一休禅師は、墨絵の心を松風の音に託して詠んでいます。林立する松の木の一枝一葉をぬって吹き抜ける風の音が、まるで墨絵の中から聞こえてくるようです。画の空間、余白、省筆の間に響き合う調べが墨絵のいのちの風となって吹きわたります。

今学窓を巣立ち行く諸君は、いったいどんな調べの風を本校で体感することができたのでしょうか。そして、私はいかなる風を諸君に送ることができたのでしょうか。

私は風が好きです。むしろ風のあり方に憧れているといった方がよいかもしれません。生まれ育った所が空っ風の上州ということも起因していると思いますが、どこでも自由奔放に立つ風に、私は妙《たえ》なる感懐を抱いています。悠久な天と地の呼吸とでもいうべき風ですが、己自身は決してその雄姿を見せることなく、他と触れ合うことのみでその存在を知らしめる風にこよなく惹かれます。人は己の内部に強烈な影響を及ぼした風土というものがあり、幼い頃から青春の時代を経て育ったその影響はまさに鮮烈です。風景もまたしかりで、それは、単に旅の途次で眺める物見遊山の風景や文人墨客が創作活動を刺激するための風景ではなくして、宿命的に焼きついた、いわば原風景とでもいうべきものだからです。

今諸君は人生の分岐点に差し掛かり、学校という確かなる原風景から旅立って、いかなる風景風土の待ちうける中に突入して行くのでしょうか。今は、ただ黙してその後ろ姿を見送る他に術《すべ》をもたないと思いますと、いささかの寂寥感を禁じ得ませんが、詰まるところ、己の生きる道に横道も無ければ脇道もないのです。あるのは、己が生きて行くという一筋の道だけです。ご健闘を祈ります。

（平成六年度『欅林』）

出世門

気に入らぬ風もあらふに柳かな

という句があります。作者は江戸時代の禅僧で、仙崖（一七五〇〜一八三七）といい、勅旨によって紫衣を着けたり、出世の道場といわれるような大刹に住することを望まず、いうならば、事のよしあしを一つにした境涯を自らのものとして、人生を貫いた人物であります。

卒業という門出に際して、誤解を恐れずに言えば、「出世」とは、一般の世間用語では「身の栄達」のことをいいますが、仏教用語では、「出世門」の略で、「俗塵を出離する」

ということだそうです。したがって、「出世」に訓点を施して、「世に出る」と読むか、「世を出る」と読むかによって、その解釈に大変な相違が生じると、どこかで聞いたことがあります。

われわれが世に生きるということは、可能性のある無数の道の中から、ただ一筋の自分の道を発見し、その道の果てに向かって孤独な魂の旅を続けてゆくことだと思われます。その思いで周囲を見廻すと、己の道を自分の足で確と歩んでいる人がいます。そんな人を観ると、それが生徒であっても、尊敬の念を強くします。それに反して、思うようにならないことが生じると直ぐに諦めてしまう人がいますが、この「あきらめる」という言葉も深い意味をもっているのです。某作家流に言えば、「ぼく達を取り巻く現実をはっきりと認識し、明らかにして究めきる」、つまり明らかにしてきわめる行為の結果、はじめて「諦める」ということになるのです。それに至るには、産みの苦しみのプロセスが存在するのです。

君達のこれからの人生には、気に入らない風も吹くでしょうし、投げ出したいこともあるでしょうが、どうぞ諦めないでください。私も仙崖さんの句意を受けて、

揺れてなほ柳は柳　風は風　榮司

（平成一〇年度『欅』）

「高み」を目指して

オレンジ色の小旗が舞う秩父宮ラグビー場に、本校の勝利を告げるホイッスル。二十一年振り、二十三回目の「全国高校ラグビー大会」、出場が決まった瞬間、二年前の公式戦出場辞退から、ここに至るまでの日々のことが想起されて、思わず目頭が熱くなった。晴れやかな笑顔で駆け寄る選手らを、スタンドは盛大な拍手をもって迎えた。まさに本校の関係者が一丸となった成果であり、感動の瞬間であり、更にその感動を人々が記憶という永遠なるものに変えた至福の時でもあった。

翻って、卒業生諸君に、わたしがスタンドから俯瞰しつつ、改めて意識したことを申し上げたい。それは、人は地形を総合的に判断しようとする時、必ず高みに上る、ということである。自分の身長分だけでは、眼前に広がる世界を的確に捉えるのには足りないからだ。図らずも、伝統あるラグビー部の復活は、自分の身の丈だけでものを見、判断しがちになっていたわたしの、日常性の不充分さを補うのに余りある舞台となった。日頃自己の目線でしか解釈できない自己流の世界観を、視点を換えることで、新たな世界が現出してくることを示唆してくれた高みの舞台であった。

再び、卒業生諸君に、人生をよりよく生きようとする上で大切なことを申し上げたい。それは、自分は強いという過剰な意識に陥ることなく、常に自分の弱さから目を逸らさずに、それを確認できる勇気を持ち続けることではあるまいか。人生の真の勝利者とは、常に新たな自己発見に向かって、謙虚に、そして静かに闘いを挑む姿勢を持ち続ける人のことをいうのではあるまいか。

ラガー等のそのかちうたのみじかけれ　　白虹

（平成一三年度『欅』）

人生を考える契機に

想い起こせば、昨年、新三年生を担当して二度目の授業、四月一六日〈火〉、第一校時のことである。

まだ諸君の名前と顔とが一致しない模索の時期、部活動の早朝練習で疲れていたのか、ひとりの生徒が突然にコックンと頭を垂れた。

そこでその生徒に、「うとうと（する）とうつらうつら（する）」についての意味を尋ねる。同様に皆にもその質問を試みる。様々な答が返ってくる。そのいちいちを記すことはしないが、どちらも「半覚半睡の、つまり半分眠ったような半分覚めたような」状態であることが明らかになる。

さらに、その差異について掘り下げてゆくと、前者は「眠りのほうに重点があり、浅くても短くても心地よく、半分眠っている」状態であり、反対に後者は、「覚めているほうに重点がある、眠りたいけれども覚めている、なかなか眠れず、半眠で気持ちが悪い」状態ということに行き着いたのである。その時の諸君の反応は、「そんなに微妙なところまで考えを及ぼすのか」から、「生きるということをより深めるための大事なプロセスに繋がる」との思いにまで心が働いたようで、改めて言葉を通じて人生を考える契機になった模様である。

さて卒業生諸君、そういった人生の思索をもって生きればこそ、却って迫りくる厳しい現実にどう対処するか、柔軟なる姿勢を構築しなければならないのである。

諸君が、現実とは本来、一面では他から与えられるもの、他面では自身が日々造り上げるもの、という自覚のもとに、今後の現実に立ち向かう術を身に付けて、独白の世界観を創出されんことを祈っている。

春の波力を抜けと裏返る　　宇咲冬男

の句意をお互いに噛みしめよう。卒業を祝福します。

（平成一四年度『欅』）

時は積み重なる

中国の詩人陶潜（三六五〜四二七）の『雑詩』の一節に、

盛年不二重《ネテハ》来《タラ》一
一日難二再《ビ》晨《ナリ》一
及《ンデ》時当《ニ》《ベシ》二勉励《ス》一
歳月不レ待《タ》レ人《ヲ》

とある。「盛んな若い時代は二度とはやってこない。一日に二度の朝はないのだ。この機会に充実した時間をすごしておかなければ、時の流れは人を待ってくれない」の謂いである。

こんなところからも、人はよく「時は流れる」と言うのだろうが、私はむしろ「時は流れるのではなく、体の中に積み重なる」ものだと思うのである。

ある作家が、数年間沖縄で織物の取材を続けた時のことである。感動する場面にはこと欠かないほど良い仕事をする人々にたくさん出会ったが、足もとから震えが来るような思いをしたのは、七十数歳の老女に、「糸を紡いでいないと手がさびしい」と言われた時だったという。「七十余年の人世が、このひと言に籠められて、話しながらも苧麻《ちょま》を裂き繋いで行く手を一瞬も休めない。魔術に近い細さの糸を生み出して行く手の動きが神のもののように見えた。口がさびしいということはよく聞く」が、それにしても「手がさびしいとはなんとも重い言葉」だ、と作家はいう。

われわれは時に、その人が発する言葉からその人がいかに生きたかを推し量る。その集約された言葉からその人の生きる証しを知るのである。改めて、「時は流れない、体の中に積み重なる」ものだ、を実感するのである。

卒業生諸君、「君自身の全てを物語る、時と言葉とを大切にせよ」と自戒を籠めた言葉を贈ります。

（平成一五年度『欅』）

翻然、眼を己に

詩人の谷川俊太郎に、

あの人がゆくなら私もゆく
あの人がゆくなら私はゆかない
あの人あの人
私はどっちのあの人

という四行詩がある。私はこのわずか四行の詞《ことば》に籠められた詩人の思想に心打たれた。「あの人についてゆくかゆかないか」、という一見月並みの表現を通して、次の瞬間「私はどっちのあの人」なのか、と翻然、眼《まなこ》を己に向けた鋭い人間認識に、である。この不確かな世の中で、いかにして生きることが確かな生き方に通ずるのか、を余すところなく語っているると思うからである。

人は、言葉をどのように使おうかと考えることで、その人がどのような人間として生きたいのか、そしてそれは、他者とのどのような関係を築き保っていきたいのか、という人生の根本姿勢を作ることになる。

人生は、その瞬間瞬間に出会えた多くの人たちに助けられ影響されて、今の私たちがある。その時々に出会った人がどのような人であったかによって私たちの存在や性格は違ったものになっていただろう。いわば掛けがえのないその邂逅によって現在の性格が在る。作り上げた性格によって拾わなくていいものを拾い、捨ててはならないものまで捨ててしまう人生を送ることになる。性格が運命を切り開いていくことを銘記すべきである。

過去と他人はかえられないが、未来と自分はかえられることに常時心して、己の可能性をさらに広げていって貰いたいと思うのである。

ここ戸山が原から、諸君の健闘を祈っている。

（平成一六年度『欅』）

故郷へ繋がる、こころ

いつしか人は故郷へ帰るものだ。
そこに美しき山河がなくとも、人のこころの底には、
その人しか知りえぬ故郷が、ちいさな家があるはずだ。
捨てても捨てきれぬ情愛があるように、
離れても消えることのない風景が、
誰の胸の中にもあるのだ。（略）

『文藝春秋』２００５年・12月号

とは、作家伊集院静氏による某社の、ポエムともエッセイともつかぬ広告文の一部であるが、改めて原風景への思いが想起されて、こころ惹かれたのである。

人は、いつしか故郷へ帰る、と氏は言う。一般に故郷とは、生まれ育った所、幼少年期の、肉体的にも精神的にも不確かな時代を過ごした所ということになろうが、真の故郷は、より確かな精神の向上が認められたところ、つまりこころが育ったところを言うのではあ

るまいか。その意味からして、人生で一番多感な高校生時代に、何を学びどう吸収したか、何を体験しどれ程に感動したか、どんな時にどう耐え忍んだか、何に関心を持ちどれ程に熱中できたか、また選択を迫られた時や障害に直面した時、どう決断し乗り越えたか等々は、これからの諸君の人生を決める源泉であると言っても過言ではない。

卒業生諸君は、本校で培ったその確かな思考力を礎に、洋々たる前途を進むのであるが、その折々に考えて欲しいことがある。それは、人は、自らの手で己の臍の緒を切って世に存在した者がないように、また自力で柩に納まることができないように、周囲の人々に支えられて在るということをである。畢竟わが身ですら、終生自分の思いのままに所有し続けることは不可能なのである。

ともあれ、「帰るべき故郷へ繋がるこころ」をもって、立派に卒業してゆく諸君の健闘を祈念する。

（平成一七年度『欅』）

こころの節目に

伊予松山の正岡子規記念館に、作家井上ひさし氏の次のような言葉の色紙が展示されている。

むずかしいことをやさしく
やさしいことをふかく
ふかいことをゆかいに
ゆかいなことをまじめに書くこと
井上ひさし

そこには四つのことが平易にひらがなで書かれており、しかもさり気ないのである。しかし、行間からは、「むずかしいことをやさしく」言うためにはそのことを熟知し、「やさしいことをふかく」言うためにはそのことの本質をきちんと理解し、さらには、「ふかいこと」をより「ふかく」表現するためには、それを「ゆかいに」おもしろく表現する、という思いが随所に溢れている。他方、ゆかいなおもしろさが高じると戯《ざ》れごとに陥ることを危惧し、「まじめに書くこと」と自警する。表現者としての透徹した論理、その魂の在り処《か》に、こころ惹かれるのである。

先達は、「文字とは、有限の記号によって無限を創出する叡智である」と言ったが、まさに一文字の限りある世界から無限の思考空間を創出している。ここに井上ひさし文学の放光する所以《ゆえん》があろう。

翻って、本校を巣立とうとしている諸君の今の懐《おも》いはどうだろう。われわれはこれで完璧だということはないにしても、どこかで常に節目の句読点を打って進まねばならない。その節目の一つが本校からの卒業である。

輝かしい諸君の前途に、井上ひさし氏の珠玉の言葉をもって祝意を表したい。

（平成一八年度『欅』）

蛍雪の功成って

蛍雪の功成って、栄《は》えある卒業の日を迎えた三〇六名の諸君、卒業、おめでとう。衷心より祝意を表します。

この佳き日に当たり、さまざまな想いが諸君の脳裏を去来していることと推察するが、この成果は諸君の努力によってもたらされたものであり、大いに誇っていいことだと思う。ただ、陰に陽に見守って下さった方々、とりわけ保護者の方や・先生方、そして諸君に関わった全ての方々への感謝の心を忘れてはなるまい。そのことは、物事の本源に感謝するという本校の建学の精神の一つである「報本反始」、つまり「本《もと》に報《むく》い、始めに反《かえ》る」という感謝の原理に繋がっているのである。それを卒業生及び本校の関係者は「保善魂《スピリット》」と称して、社会に生きる一つの心の拠り所にしていると仄聞《そくぶん》する。

さて、本校の前身である東京植民貿易語学校初代校長の新渡戸稲造博士は「渋柿を見よ、甘ぼしとなる」という言葉を遺《のこ》している。どんな子どもでも「渋柿というレッテルを貼るのではなく、手を加えればおいしい柿になる」の謂《い》いで、教育のあるべき姿勢を示している。博士のこの願いは本校の教育の中に脈々と継承されているのである。

教育は家庭で芽が出て、学校で花が咲き、実社会で実がなるとよく言われる。家庭で培われた諸君の芽を、本校の教育はいかなる花にして咲かせることができたのであろうか。その答は、実社会という厳しい現実の中に生きて、それぞれの実を結ぶことで明らかになる。が、それも諸君のたゆまない努力に掛かっている。諸君の真価は、これからが大いに問われるのである。私もこの学舎で一緒に学んできた者として、その成果を喜べる秋《とき》をこ戸山が原で静かに待ちたい。

卒業生諸君の洋々たる前途に栄光あれ。

（平成一九年度『欅』）

知ろうとする心を

月日は百代の過客にして、行きかふ年もまた旅人なり

有名な松尾芭蕉（一六四四〜一六九四）『奥の細道』の書き出しである。「年を送り、年を迎えるこの時に、われわれの胸に去来する、あの想い。去り行く年に対してのしみじみとした感慨と、来る年に対しての確かな期待と」。その繰り返しの中で歳月は流れている。毎日顔を合わせる家族や友達といった人間関係は、ともすればそれが永遠に続くかのように思い込んでいて、ときに諍《いさか》いになることもある。しかし、その家族友人関係が、なんらかの別れによって、それが突然のことであれ予期したことであれ、束の間の出会いであっ

たことに気づかされるのである。

卒業とは、そういう感懐を噛み締める、言うなれば節目の時なのである。

ここに栄《は》えある卒業の日を迎えた三二一名の諸君、卒業おめでとう。衷心より祝意を表します。

この佳き日に当たり、さまざまな想いか、諸君の脳裏を駆け巡っていることと推察するが、卒業は、諸君ら自身の日頃の努力の結実であり、大いに誇っていいことである。ただ、陰に陽に見守って下さった方々、とりわけ保護者の方、先生方、そして諸君に関わった全ての方々への感謝の心を忘れてはなるまい。この感謝するという行為は、本校の建学の精神の一つである「報本反始」そのものなのである。

今後諸君は、本校で培った知識を基に、ひたすら夢に向かって生きてゆくわけだが、「夢というものは、現実について少しだけ知っているが、十分に知らない人がもち得る特権である」（山崎正和）という言い方もある。「分からない」からこそ「分かる」ことが深くなる、全ては「知りたい」から始まる人生を、大事に生きて下さい。

（平成二〇年度『欅』）

大事な今が、生涯の今

ここに栄《は》えある卒業の日を迎えた二六七名の諸君、卒業おめでとう。学業への精進と身体の鍛錬とが結実してこの日を迎えたことは誠に喜ばしく、衷心より祝意を表します。

思い起こせば、諸君が入学した平成一九年度は、私が教頭の職八年を経て、校長に就任した年でもあります。それだけに諸君との三年間は、私にとっても一入《ひとしお》の感慨を覚えます。

さて、諸君は、この佳き日に当たり、さまざまな出来事が脳裏に去来していることと推察しますが、この成果は、諸君自身が勝ち取ったもので、大いに矜持《きょうじ》に値することです。ただ、陰に陽に見守って下さった方々、とりわけて保護者の方、先生方、そして諸君に関わった全ての方々への感謝の心を忘れてはなりません。その感謝の念をずっと持ち続けることが、本校の建学の精神の一つである「報本反始」という感謝の原理に繋がるのです。

私は、今年度の『保善ニュース』一七四号の所感に「今を、大切に生きる」と題して、道歌の「今今と今といふ間に今ぞなく今といふ間に今ぞ過ぎゆく」を引いて、この生きている瞬間瞬間の今を、いかに大切に生きるか、この今に、学ぶことの真が問われている、という一文を寄せた。本稿はそれを言い換えて、同じ道歌の「今といふ今こそ今が大事なれ大事な今が生涯の今」を、卒業生諸君に改めて餞《はなむけ》とします。

高校生活は、一〇〇〇日のドラマだと言います。まさに時は得難くして失い易いものですが、本校で日々研鑽した確かな自己をもって、今後の人生の切所を一つひとつ乗り越えていくことを、ここ戸山が原から祈念しています。

脈々と沸き刻々と泉古《ふ》り　　西村和子

（平成二一年度『欅』）

責務に向かって始動

諸君は、この佳き日に当たり、さまざまな出来事が脳裏に去来することと推察しますが、諸君の成し得た卒業は、諸君自身の日頃の努力の成果なのですから、胸を張って誇りに思って下さい。ただ、陰に陽に見守って下さった方々、とりわけ保護者の方、先生方、そして諸君に関わった全ての方々に感謝の心を忘れてはなりません。そして、今後もその心を持ち続けることは、本校の建学の精神の一つである「報本反始」という感謝の原理に繋がるのです。

諸君らの前途はまさに洋々としています。が、それだけにまた越えねばならない、人生の切所が幾つも待ち受けているのです。今年度はNHKの大河ドラマ『龍馬伝』の影響もあって、日本中が坂本龍馬ブームに沸きました。彼の言葉に、「つまらない人生などこの世に存在しない。つまらない人生というものの見方があるだけぜよ」というのがあります。つまり人生は、「世の現象は同じでも、自分の見方や考え方次第で、つまらなくも面白くもなるんだよ」ということでしょう。さり気ないようですが、この一言には、人生をよりよく生きるための深く示唆に富んだ意味合いが籠められています。

人には、人から育てられる時期と人を育てる時期とがあります。諸君らはいよいよ次なる時期、つまり社会から受けた恩恵に応えるべく、その責務に向かって新たに始動する時期を迎えたのです。

この戸山が原で学び育てられた諸君が、やがて実社会で人を育てる人材になることを期待します。

（平成二二年度『欅』）

乾坤無住同行二人

今日よりや書き付け消さん笠の露

この句は、俳聖松尾芭蕉（一六四四〜一六九四）が、門人の曽良と一緒に奥州・北陸の地を旅することを誓って、笠に「乾坤《けんこん》無《む》住《じゅう》同行《どうぎょう》二人《ににん》」と書いていたのを消すことになった寂しさを詠んでいる。俳諧紀行文『奥の細道』（一七〇二刊）道中の記録者でもあった愛弟子曽良と別れた後の、芭蕉の寂しさがひしひしと伝わる句である。

乾坤無住同行二人とは、常に神仏と共に乾坤（天地）の間を修行する一所不住の精神を意味するが、書き消さん、は芭蕉と同行曽良との別れを意味している。人は、常に出会いと別れを繰り返しながら成長するものであるが、いよいよ諸君らも、多大な影響を受けた学窓から巣立つ日が訪れたのである。

諸君はこの佳き日に当たり、さまざまな出来事が脳裏に去来していることと推察するが、諸君の成し遂げた卒業は諸君自身の日頃の努力の成果なのであるから、大いに誇りに思ってほしい。ただ、陰に陽に見守って下さった方々、とりわけ保護者の方、先生方、そして諸君に関わった全ての方々に感謝の念を忘れてはなりません。そして、今後もその思いを持ち続けることは、本校の建学の精神の一つである「報本反始」という感謝の原理に繋がるのである。

人が本当に言いたいことは、表現された言葉の後に存在し始めるものである。この卒業文集『欅』にある言葉の、一つひとつが、卒業生諸君にとって、これからどのように存在し始めるのか、大いに期待を寄せている。

（平成二三年度『欅』）

時を経て、分かること

思い起こせば、諸君らが入学して二年目を迎えようとする直前の平成二十三年三月十一日、学年末試験を了えた午後二時四十六分。「東北地方三陸沖」を震源とするマグニチュード9・0の巨大地震が「東日本」の人々に大津波となって襲いかかり、更に、福島原発事故による放射能汚染という、まさに日本史上類例を見ない大災害に及んだあの日、余震に揺れる校舎で、諸君らと共に不安な一夜を過ごしたことの一つひとつが、今しみじみと思い出される。

自然の猛威の前に、人間の無力さを肌で感じていたあの頃、A新聞に載った島田陽子の詩、

滝は滝になりたくてなったのではない
落ちなければならないことなど
崖っぷちに来るまで知らなかったのだ
まっさかさまに
落ちて落ちて落ちて
たたきつけられた奈落に
思いがけない平安が待っていた
新しい旅も用意されていた
岩を縫って川は再び走りはじめる

との詩句に私も励まされ、この詩が生み出された背景に思いを至したものである。

かつての「阪神淡路大震災」の折、報道陣のヘリコプターが空中を旋回していることに、音がうるさくて、瓦礫の下敷きになって救出を求めている人の声が聞こえない、と憤った人がいる。他方で、ずっと自分たちのことを空から見守ってくれている人がいるのを有難いと思った、という人がいる。ヘリコプターが飛ぶという事態一つでも、それをどういう境遇の中で受けとめるかで、意味は違ってくる。

理解とは、時間の中の出来事であるから、その時に分らなかったことが、卒業してから分ることが起る。お互いに、そういう気づきの時間が多く持てることを祈念している。


（平成二四年度『欅』）

分度器の、一度

手にすることがなくなって、何年になるだろうか。製図の授業で手に馴染んでいた分度器を、今、目にして考える。隣り合わせの、この一度の違いについてである。この放射状の線を、どこまで伸ばして行ったら、どれくらい距離の隔たりを生じることになるのだろうか。同様に、同じ学校の同じクラスの直ぐ隣りの席から一緒に巣立った友だちが、二十数年後には果してどういう人生を送っているのだろうか。分度器のわずか一度の違いは、人それぞれの生き方のもたらす隔たりを暗示するかのようである。

諸君らの卒業に臨み、そんなことがふと頭を過ぎる。

文集の紐は綻びN君はヤクザS君は教師なりしと

大野道夫氏のこの歌には、卒業文集の持つ本質的なものが見事に詠われている。

思い起こせば、平成二十三年三月十一日、諸君らの入学説明会を二日後に控えた九日の午後二時四十六分、「東北地方三陸沖」を震源とするマグニチュード9・0の巨大地震が「東日本」の人々に大津波となって襲い掛かり、さらに、福島原発事故による放射能汚染という、まさに日本史上類例を見ない大災害に見舞われたあの日、余震に揺れる校舎で在校生と共に不安な一夜を過した翌日に、教職員が手分けして、諸君らの自宅に電話で日程変更のお知らせをした慌ただしさが、つい昨日のことのように思い出される。

自然の猛威の前に人間の無力さを肌で感じたであろう卒業生諸君である。この世に生きることの素晴らしさを実感した諸君ゆえに、その前途に改めて洋々たるものを感じる。今後の奮闘をこの戸山が原から祈っている。

（平成二五年度『欅』）

曲がり角の先には

この佳き日に当たり、思い起こすと、諸君の脳裏にはさまざまな出来事が去来していることと推察しますが、諸君の手にした卒業証書は、諸君自身の日頃の努力の賜ですから、大いに矜恃に値するものです。ただ、陰に陽に見守ってくださった方々、とりわけ保護者の方、先生方、そして諸君に関わった全ての方々への感謝の心を忘れてはなりません。その心を持ちつづけることは、本校の建学の精神の一つである「報本反始」という感謝の原理に繋がるのです。

小説『赤毛のアン』を翻訳した村岡花子の生涯を描いたＮＨＫの連続ドラマ『花子とアン』の冒頭に、「曲がり角の先には、きっと一番良いものが待っている」という一節があります。未来が明るい、などと気軽には言えない時代ですが、それでも私は諸君に、先が見えないからこそ、「希望を強く持て」と言いたいのです。勉強も、仕事も、趣味も、生き甲斐も、今生きている延長線上に、必ず行き着く場所があるのですから。人は興味があるからやるというよりは、やることで真の興味が生まれる場合の方が多いのです。人生では苦しみや挫折の最中を最悪期と呼びますが、後で振り返ると分かるのです。その時が本当の成長期であった、ことがです。

卒業生諸君よ、われわれはたくさんのさまざまな価値ある試行錯誤を経て、確かな未来を選択できるのです。

ここ戸山が原から、諸君の奮闘を祈っています。

（平成二六年度『欅』）

思い出は将来に繋がる

この佳き日に当たり、思い起こすと、諸君の脳裏にはいろいろな出来事が去来していることと推察するが、君たちの手にした卒業証書は、君たち自身の日ごろの努力の成果であるから、大いに誇りとすべきである。同時に、陰に陽に見守って下さった方々、保護者の方、先生方、そして諸君を取り巻くすべての方々への感謝の気持ちを忘れてはならない。

今後もその思いを持ちつづけることが、本校の建学の精神の一つである「報本反始」という感謝の原理に繋がるのである。

今、学窓を巣立つ諸君に、一休禅師の作と言われる道歌を餞に贈ろう。

分け登る麓の道は多けれど同じ高嶺の月を見るかな

君たちの学んでいるあらゆることは、人生という山を登るための道標であり、高嶺の月を仰ぎ見るための道筋なのである。その山道を登る行為の一つひとつは、早晩思い出という過去に変わるのであるが、その思い出は、人間として高嶺の月を仰ぎ見る未来に繋がっているのである。われわれがどの登山道を辿るにしても、常に肯定と否定とのどちらかを選ぶ自由を与えられているのであるから、その自己決断を通じて生きることが可能なのである。同時に、だからこそ社会的責任を意識する必要を生じるのである。作家ロマン・ロ－ランの、「ピラミッドは頂上からは作られはしない」という言葉を噛み締めながら、今後の人生を歩んで貰いたい。

（平成二七年度『欅』）

余情残心

茶聖の千利休（一五二二〜一五九一）に、

なににても置き付けかへる手離れは恋しき人にわかるると知れ

という道歌がある。茶人が茶道具から手を離す時には、恋しい人と別れる時のような余韻を持たせよ、というのである。所作は目に見える動きだけではなく、見えざる静の時間も含めて所作とする。言わば、静動一如の思想である。

近代日本の黎明期に生きた大老井伊直弼（一八一五〜一八六〇）は、『茶湯一会集』で、その消息を伝えている。要約すると、「客が退出した途端に大声で話し始めたり、戸を慌しく閉めたり、急いで茶室に戻ってさっさと片づけ始めたりするのは興ざめである。亭主は露地に出て客が帰る後ろ影が見えなくなるまで見送り、その後、一人静かに茶室に戻って茶を点てつ、その日の茶会の一期一会の縁を噛み締める。この作法が茶人の名残惜しさの表現であり、余情残心である」と。

この残心というのは、武道の剣道・弓道・柔道・空手道などにも用いられる言葉で、技を行う前、行っている最中、終えた後、と一貫して油断せずに持続させる精神状態を呼んでいる。勿論、武道によっておのおの捉え方には違いがあろうが、芸道、武道ともに余韻余情を残すという意味で、今日の日本人の美意識に受け継がれている。

本日ここに、栄えある卒業の日を迎えた二八七名の卒業生諸君を寿いで、この残心の精神を旨とする、

折りえても心ゆるすな山桜　さそう嵐の吹きもこそすれ

という道歌をもう一首重ねて贈り、ここ戸山が原から、卒業生諸君の一層の勇往邁進を祈念する。

（平成二八年度『欅』）

一期一会の心で

漂泊の俳人松尾芭蕉（一六四四〜一六九四）は、かの有名な紀行文『奥の細道』に、

行く春や鳥なき魚の目は泪

と詠み、江戸から俳諧修行に旅立ったのである。そして、幾多の困難を乗り越えて創作活動を続けつつ、最終目的地大垣に到着する。この旅を締めくくる句として、また新たな思いで伊勢の旅に出発するのに相応しい句として、

蛤の二見と別れ行く秋ぞ

と詠む。冒頭句「行く春」と、この結びの句「行く秋」との対応に、私は作者の巧技と深い人生観を思うのである。また、小林宗一氏の句集『二人静』にも、

小春日の影も手を振る別れかな

という句がある。手を振って別れる人の足下の影もまた手を振っているという意で、人間と自然界との取り合わせを冷静に見つめている一句である。私たちは、まだ物心がつかないうちから別れの際に手を振ることを教えられる。その慣習的行為には、また会えることが前提になっている。だから、笑顔で手を振ることができるのである。それが、私と母とのように、元気に手を振って別れたその日が永遠の別れとなることもある。私が敢えてここで母のことに触れたのは、茶道のいう「一期一会」の精神の、どの茶会も一生涯に一度限りと心得て、そのことに専念せよ、との訓えを思い、また茶の湯に限らず、私たちが

出会えたことへの感謝の心と、常に全力を尽くして事に当たることの大切さを伝えたかったからである。

本日ここに栄えある卒業の日を迎えた二九一名の諸君を寿ぎて、芭蕉翁の芸術観と茶道の一期一会の心を心とし、卒業生諸君には尚一層の奮起を祈念する次第である。


（平成二九年度『欅』）

山吹の花、一枝から

♪歴史にかおる山吹の
戸山が原に朝の風♪

と本校の校歌は始まる。

そこで、本校が位置するこの大久保の地が、いかなる時空を経て「歴史にかおる山吹」の里所縁《ゆかり》の地になるのか、を生徒諸君と思いをめぐらしてみたい。

「山吹」と聞くと思い出すのが、江戸城を築いた太田道灌（一四三二〜一四八六）に纏《まつわ》るエピソードである。その話の原型になったのが湯浅常山著『常山紀談』（一七三九）・巻之一「太田持資（道灌）歌道に志す事」である。

文意は、「ある日のこと、鷹狩りに出かけた道灌は俄雨に遭い、近くの民家に駆け込み、蓑を借りたいと頼む。すると戸口に出てきたのは年端もいかぬ少女で、黙って差し出したのは蓑でなく山吹の花一枝であった。花の意味の分からぬ道灌は、『花が欲しいのではない』と怒って雨の中を帰り、家臣にその日のことを語ると、少女の意が、山吹の花にちなんだ古歌『七重八重花は咲けども山吹の実（蓑）のひとつだに無きぞ悲しき』（兼明親王）にあったことを教えられる。道灌は、少女の機知に富んだ行動に感心すると同時に自分の教養の無さを恥じ、その後は学問にも励み文武両道を兼ね備えた名君になった」という話である。ただ、事実がこの通りであったかについては諸説紛々としているが、私が感動を覚えるのは、為政者としての太田道灌の生き方である。武士として、文と武の両道の意味に気づいたことにある。

それにしても、私は、このエピソードがあまりに有名なことから、山吹の花は総じて結実しないものとばかり思い込んでいた。が、結実しないのは「八重山吹」であって、一重のものは秋に実をつけるのである。私がこの事実を知るのは遙か後のことで、このエピソードを知ってからなんと十数年もの歳月を費やしたことになる。山吹の花を通じて、己れの教養の無さに深く恥じ入ったのはひとり道灌ばかりではなかったのである。

またこの逸話には後日談がある。山吹の一枝を差し出した少女の名を紅皿《べにざら》と言ったが、無学を恥じて歌道を勉強した道灌は、後にこの紅皿を江戸城に呼び寄せて歌の友とした。道灌が亡くなった後、紅皿は大久保の地に庵を建てて尼となり、その死後、この地に葬られたという。この紅皿の墓といわれる碑が、西向天神社《にしむきてんじんしゃ》(新宿六丁目)入り口の「山吹坂」に隣接する大聖院の駐車場脇にひっそりと建っている。

こういう歴史のかおりを漂わせて。本校の校庭を爽やかな朝の風は吹き抜けているのである。

(平成一九年度『山吹』)

未来に向かって

今年度、本校は創立八十五周年を迎えた。八十五年、まさに「継続は力なり」である。その八十五年の歴史と伝統を誇るわが校に、どんな未来が待っているのだろうか。生徒諸君は、どんな未来を生きることになるのだろうか。この節目の年にあたって、生徒諸君と教職員とが、共に心を一つにして「未来」について考える必要性を痛感するのである。

それには先ず、現在本校が直面している「現実」に目を向けなければならない。何故ならば、「『未来』というものは『現在』をも含めた『過去の結果』で、『過去』を見なければ『未来』は考えられない」（橋本治）からである。

ＮＨＫの大河ドラマ『篤姫』が好評裡に終了した。本校ＯＢの瑛太氏扮する小松帯刀は、近代日本の未来を見据えた先見性のある人物として描かれている。

歴史の事実を考える上で、「もしも、あのとき別の選択をしていたら」などということはあり得ない。その歴史を理解することは、現在がどのようにして出来上がっているのかを知る唯一の手がかりだからである。そして現在が不都合に変化していたら、それは過去のどこかに問題があったからで、それがどこにあるのか、なんであるのかを歴史は静かに教えてくれるのである。

従って、本校の未来を考えることは、本校の歴史を顧みることである。私は、『保善高等学校八十年史』の「編集後記」に、「保善八十年の歴史を表出するにあたり、時空は厳然とした連続体であり、過去・現在・未来に断絶はなく、本来切れ目というものは一切ないのであります。そういう連続体の中で、物事を解釈するということは、連続する意識に切れ目を入れる、文章に句読点を打つように整理整頓されて可能になるものと改めて認識した」と記し、更に、「校史が次世代の創造性に繋がるものでなければならない、記録記憶が現在の思いを未来に押し出す力、つまりエネルギーの源泉にならなければ校史を編纂する意味を持たない、との決意からこの年史は編まれた」とも記した。

言うまでもなく学校の歴史は、生徒諸君と教職員とによって主体的に構築されてゆくものである。その主役である諸君らは、八十六年目の伝統づくりに向けて新たな発信を試みなければならない。その先駆けとなるのが、この生徒会誌『山吹』であると私は信じる。諸君ら一人ひとりの手で、本校の歴史を新たに刻んでいくのである。それが本校と生徒諸君の、輝ける未来の構築に繋がるものと思うのである。

（平成二〇年度『山吹』）

創始者の訓《おし》えに

本校は、今年度で創立八十六周年を迎えた。今、私もここにきて先輩諸氏らが築いた本校の歴史と伝統の重みを改めて実感している。

生徒諸君も、本校創立の由来やその建学の精神について、既刊の本生徒会誌『山吹』や『保善高等学校八十年史』などを繙《ひもと》いて、自分の学校のルーツについて考えてみることも、今後の諸君自身の歴史を構築する上で、殊に意味深い作業になろうかと考える。そこで、本校創始者の心の軌跡をこの機会に若干触れることにする。

本校の創立者は、多くの破綻した銀行を救済し、「金融王」といわれた安田善次郎翁（天保九《一八三八》～大正一〇《一九二一》年）である。翁は、富山藩の下級武士の子として生まれながら、わずか一代で安田財閥（「現みずほフィナンシャルグループ」）を築き上げた人物で、東京大学の安田講堂や日比谷公会堂等を寄付するなど公共事業にも多大な貢献をしている。

曾孫《ひ》の安田弘氏によると、今も安田家には善次郎翁が遺《のこ》した『身家盛衰循環図系《しんかせいすい》』が伝えられている、という。この図の中で翁は、「先ず、人間は困窮するところから始まる。困窮すれば、挫折をするか、発奮するかのどちらかだ。挫折した者はそこでおしまいだが、発奮した者は勤倹する。勤倹貯蓄を実践すれば、富足《ふそく》、つまりお金ができる。お金ができれば、豪奢《ごうしゃ》な遊びをして利を貪《むさぼ》るか、修養に励んで義を悟るかのどちらかだ。利を貪れば、やがて煩悶《はんもん》に陥ってまたもとの困窮へと戻ってしまう。しかし修養に励んで義に悟れば、清らかな境地に至り、安楽に暮らせるのだと説いた」（月刊『致知』）と述べている。

そして、さらに、「曾祖父は非常に意志の力が強い人で、克己を自身の座右の銘にして、生きていく中で起こってくる様々な誘惑に負けず、己の弱い部分を抑えながら、自らに打ち克っていかなければいけないという姿勢で一生を貫いた人だ」とも語っている。

われわれはこの創始者の言葉から、困窮の時代を立派に生き、今なお影響を及ぼし続ける翁の心を窺い知るばかりだが、この豊かで、しかも混迷の時代にあるわれわれは、果たして、どこまで翁の訓えに応えられているか、と疑問を抱く。

生徒諸君、人は、「今の自分」と「なりたい自分」との葛藤の中で育つのである。そして、真の自立とは、集団の中で自分が何をなすべきかを自分で考えられることをいうのである。

今後の生徒会活動のますますの活性化を祈念している。

（平成二一年度『山吹』）

保善でしかできないこと

先日、京都から卒業生が来校してくれた。卒業後の成長した人と為りが見てとれて、さこそ、との思いを強くしたが、私には、在学当時そのままの言動の面影がゆくりなくも思い出された。久方ぶりだったが、時の隔たりを感じさせない挨拶に続いての近況報告を、私は楽しく聞いた。この日突然の訪問だったこともあってか、やや遠慮がちに、近況をそこそこに、しかし楽しく語ってくれた末に、もともとが京都育ちなので、「おおきに」を繰り返して辞去して行った。

ところで、この「おおきに」という言葉であるが、サンスクリット語「摩訶」という語の、「大きい、偉大である」という意味で、われわれは社会や自然から計り知れない恵みを受けていることに感謝する、ということなのである。

また、遠慮がちに、の「遠慮」という言葉の原義も、「遠い先々のことまで見通して、よく考えること」と辞書にある。本来は相手の立場を考えての遠慮であるのが、最近では、自分が図々しく思われたくないために遠慮する、という傾向がある。遠慮の意味合い一つとっても、時代を生きる人々の姿勢を窺い知ることができるのである。

この卒業生の突然の訪問は、私に日常の言葉から思いがけない思索をもたらしたが、日々われわれに深い影響を与えている言葉について、ここでもう少し考えてみよう。

卒業記念文集『欅』でも触れたが、今年度はNHKの大河ドラマ『龍馬伝』の影響もあって、日本中が坂本龍馬ブームに沸いた。彼の言葉に、「つまらない人生などこの世に存在しない。つまらない人生というものの見方があるだけぜよ」というのがある。つまり人生は、世の現象は同じでも、自分の見方や考え方で、つまらなくも面白くもなるんだよ、ということである。また彼の言葉を借りれば、「起きた事実がおまんの人生を決めるのではない。事実にどう反応するかで、おまんの人生は決まるんぜよ」と、人生は起きた事実にどう対応するかで決する、とまで言い切っている。さらに仕事についても、「どんな仕事でも、雑にすれば雑用になる。どんな雑用でも心を込めれば、立派な仕事ぜよ」と、仕事の価値内容は取り組む人間の姿勢で決まるもので、重要なことの多くはその本人の心の中に潜んでいる、と警告している。

そして極めつけは、「幸せな人は、多くのことを知っているのではなく、大事なことを知っている人なのじゃ」と、ヤヤもすると知識偏重主義に陥ろうとする現代社会に向かっても、学ぶことの意味合いを明確に示しているのである。

生徒諸君、中学時代にしかできないことがあったように、やはり保善高校でしかできないことは思いの外たくさんある。

かけがえのない日々を有意義に過ごしてもらいたい。


（平成二二年度『山吹』）

津波てんでんこ、と一少年

今年度二学期の終業式で、私は地震の話から「津波てんでんこ」に触れたが、これについてさらに述べてみよう。

この言葉は、岩手県の三陸海岸にある津波防災伝承の一つで、「命てんでんこ」と言うこともある。「てんでんこ」とは、各自銘々それぞれ、を意味する。とにかく津波がきたら取る物も取り敢えず、各自がてんでんバラバラに高台に向かって逃げる、自分の命は自分で守れ、ということである。

この言い伝えは、各自が銘々で勝手に逃げろ、ということばかりが強調されているように聞えるが、実はもっと深い意味合いがあるのだ。

それは、人々の生命を守るために、常日頃から緊急事態に備えて周到な準備と訓練をすることが前提にある。その前提を踏まえた上で、自己判断の基にひたすらてんでんこに逃げるのである。それはまた同時に、他の人も各自の責任で適宜に判断し対応しているだろうという、いわば信頼関係の上に成り立つ防災伝承なのである。

従って、この伝承には、常に生命を守るためのビジョンを皆で共有しておくことの大事さが示されている。それ故に、よしんば不測の事態が発生して、他者を助けられなかったとしても、自己を責めない、他者に責任を求めない、との自己責任の心構えが生まれたのである。ここに私は、厳しい自然を生き抜いた日本人の、とりわけ東北人の伝統的な知恵の姿を垣間見るのである。

ところで、三月十一日の東日本大震災には、世界各国から続々と義援金が寄せられた。その中にベトナムの一記者のエピソードがある。その折のことを、ブログで岩見隆夫氏が感動的に書いている。要約すると、その記者が避難所で少年にインタビューする。少年は津波で両親を亡くし、寒さと飢えで震えていた。一つのおにぎりを家族で分けて食べるような状況にあった。記者は見かねて少年に自分のジャンパーを着せかける。その時、ポケットから一本のバナナがこぼれ落ちた。記者が「バナナ、欲しいか」と問うと、うなずくので、手渡した。ところが、少年はそれを食べるのではなく、避難所の片隅に設けられた共有の食料置き場に持って行き、もとの場所に戻ってきたという。記者はひどく感動する。そして帰国し、〈こういう子供はベトナムにはいない…〉と報道した。この記事が大変な反響を呼ぶ。ベトナムからの義援金は一〇〇万ドル（約八〇〇〇万円）にのぼったが、このうち、「バナナの少年にあげてください」という条件付きが五万ドルもあったという。

少年は健気な日本人の美質、DNAをきちんと受け継いでいる。将来の日本を支える若い人たちの中に、こういう子供は少なくない。悲劇と苦難のもとでも失われない民族的強靭さを、一少年の小さな行為から教えられた思いだ、と書いている。

東大地震研究所は、首都直下型地震が四年以内に七〇パーセントの確率で発生する、という試算を発表した。津波てんでんこと共に、心にとどめておきたい一少年の行為である。

（平成二三年度『山吹』）

恕の心を蓄える

私たちは、自分の歴史、家族の歴史、国家の歴史、民族の歴史、ひいては人類の歴史を背負いながら、過去─現在─未来という連続体のなかで生きている。その連続体に、いわば文章に句読点を打つように切れ目を入れて、物事を考えているのである。

今年も入学試験のシーズンに入った。先日、図らずも私が本校の入試に出題した問題文に触れる機会があり、その内容の新鮮さに改めて感銘を受けたので、生徒諸君と共に鑑賞したい。

『夕焼け』と題する、吉野弘の詩である。

いつものことだが／電車は満員だった。／そして／いつものことだが／若者と娘が腰をおろし／としよりが立っていた。／うつむいていた娘が立って／としよりに席をゆずった。／そそくさととしよりが坐った。／礼も言わずにとしよりは次の駅で降りた。／娘は坐った。／別のとしよりが娘の前に／横あいから押されてきた。／娘はうつむいた。／しかし／又立って／席を／そのとしよりにゆずった。／としよりは次の駅で礼を言って降りた。／娘は坐った／二度あることはと言う通り／別のとしよりが娘の前に／押し出された。／可哀想に／娘はうつむいて／そして今度は席を立たなかった。／次の駅も／次の駅も／下唇をキュッと噛んで／身体をこわばらせて—。／僕は電車を降りた。／固くなってうつむいて／娘はどこまで行ったろう。／やさしい心の持主は／いつでもどこでも／われにもあらず受難者となる。／何故って／やさしい心の持主は／他人のつらさを自分のつらさのように／感じるから。／やさしい心に責められながら／娘はどこまでゆけるだろう。／下唇を噛んで／つらい気持ちで／美しい夕焼けも見ないで。

（『贈るうた』花神社）

この作品には、娘の、そして詩人の溢れんばかりのやさしさが、いかんともし難い悲しみと共に伝わるものがある。

折しも、元横綱の大鵬が泉下の人となった。「巨人・大鵬・卵焼き」と当時流行語になったほどで、人気の高さが窺われる。その大鵬関に連勝がかかって、物言いがついた一番。誤審によって記録が途絶えた。その時の言葉は、「横綱がもの言いのつく相撲を取ってはいけない。自分が悪い」。また、米大リーグ・タイガースのガララーガ投手の、九回二死の場面で、塁審の、これまた誤審によってノーヒットノーランの試合が幻と消えた時、「完全な人間はいないから…」と審判を庇ったという。人に見せない悔し涙と、人に聞かせない落胆の吐息とを養分にして咲かせた言葉の花である。何事においても、判断ミスというのは悲運であるが、騒動の通り過ぎた後に、それらに立ち向かってきた姿勢によって、美しい言葉の花を残している。

美しい夕焼けも見られなかった娘も、故大鵬関も、ガララーガ投手も、そして私も生徒諸君も、ひとしなみに恕（思いやり）の心を蓄えよ、との命の綱の言葉である。

（平成二四年度『山吹』）

創立九十周年を迎えて

本校は、本年十一月九日をもって創立九十周年の記念日を迎えることができました。九十周年と一言で言いましたが、その間、本校の発展のためにご尽力された教職員や関係者各位はもちろんのこと、歴代の生徒会長をはじめとする生徒会諸君の懸命に知力を尽くした姿にも、大いに功を感じております。

この度本校では、日ごろお世話になっております方々をお招きして、心をこめて九十周年記念式典を催しました。

その式辞で、私は、「本日の式典には、教職員と共に心をひとつにして祝いたいという願いから、全校生徒が参加しております。その姿勢には、これからの本校の歴史を築いていく主体となるのは、自分たち生徒であるという思いもこめられております」と、生徒諸君に代わってその思いを申し上げました。

生徒会活動は、言うまでもなく生徒諸君の自治活動を前提にしたものです。小学校では児童会、中学校・高校では生徒会、大学や一般社会では自治会と呼ばれ、それぞれが自主的な活動として尊重され、学校生活や社会生活の充実と向上を図ることとを目途に活動する組織です。この本年の輝かしい記念日を機に、さらに充実発展したものにしてもらいたいと願っています。

翻って、本校の創立者は安田善次郎翁（天保九《一八三八》～大正一〇《一九二一》）です。安田財閥（現みずほフィナンシャルグループ）を一代で築き上げた大人物で、東京大学の安田講堂や日比谷公会堂等を寄付するなど、公共事業に多大な貢献をしたことでも著名な方です。

また本校の前身であります「東京植民貿易語学校」初代校長の新渡戸稲造先生〈文久二〈一八六二〉～昭和八〈一九三三〉〉も、本校の教育九十年の歴史の礎を築いた方ですが、このお二方の至言については、折に触れて言及してきましたから、その数多くのご功績についても、諸君らは十分理解しているものと私は思っています。

ここで私は、この先駆者たちと同時代を生き日本の教育界に大きな影響を与えた福沢諭吉翁〈天保五〈一八三四〉～明治三四〈一九〇一〉〉の、明治七年『国民雑誌』に発表された「学者は国の奴雁《どがん》なり」という言葉について少し述べたいと思います。

「奴雁」とは、雁の群れが一心に餌を啄んでいる時に、群れの一羽が首を高く揚げて災難に備える雁を言います。学者は、この雁のように現状を冷静に分析し、将来のために何が最も良いかを考える者でなければならない、と言っています。

この言葉は、翁が明治期の学者の在り方を示したものですが、さらに私は、翁が、現在、大学での学問を目指して日々学んでいる本校の生徒諸君一人ひとりにも、この奴雁のように目前のことに囚われず、未来を見据えた人物になるよう学問に志してほしい、との時空を超えたメッセージであると思うのです。

私が、ここにこれらの方々の至言を引いたのは、本校の創立九十周年の歴史を祝うと共に、諸君自身の歴史を構築する上で真に意義深いものがあると信じ、その成果を大いに期待しているからです。

（平成二五年度『山吹』）

サッカー観戦から

今年度の『山吹』は、クラブの活動とその意義について考えてみたい。

本校は、「スポーツの保善」として名を馳せてきた。『保善高等学校八十年史』によると、ラグビー部は、全国大会優勝四回、準優勝三回、国民体育大会優勝九回、準優勝一回の戦績を誇る。また陸上競技部は、全国高校駅伝大会出場十五回、うち入賞は五回を数え、トラック・フィールド競技では、全国大会優勝三回に加え、種目別に個人の入賞者を挙げると枚挙に暇がない。さらに体操競技部においては、全国大会に連続して二十六回出場するなど、これもまた群を抜く成績を収めたのである。

このように書くと、私が、過去の栄光に縋り、「スポーツ保善」の復活に生徒諸君を駆り立ているように感じるかも知れないが、そういうことが主意ではない。

冬休み明けの一月十二日成人の日に、私は、全国高校サッカー大会の決勝戦をテレビ観戦した。

石川県代表の星稜高校と群馬県代表の前橋育英高校との試合である。両校共にスポーツの名門校であり、互いに初優勝をかけた試合である。私は、両校の健闘を讃えながらも、私が前橋出身ということもあって、前橋育英高校チームを応援することになる。両校共に一歩も譲らず、白熱した試合が続くうち、私は、時に選手の気持ちになってボールを追い、時に監督の気持ちになって叫び、時には保護者の祈るような願いの思いを想像しながら、更には両校の校長の胸中も推し量りながらの観戦になったのである。

素晴らしいプレーの連続に、息を詰めて見守る緊迫感漂うその時である。テレビから流れた一言が、私の心を捉えた。それは、「意識の連続が無意識を生む」という言葉である。誰の言葉であるのかは詳らかでないが、私は思わず書き留めて、この言葉の持つ意味合いを反芻したのである。

両校の高校生離れした技術力を目の当たりにして、むべなるかな、と思い、無意識のうちに身体が反応するところまで行かなければ本物にはなれないことを実感したのである。

サッカーの醍醐味を味わうというのは、まさにこれを言うのであろう、と感じ入ったのである。

翻って、私は本校のサッカー部員にも著しい成長の様を感じている。先日、全校を挙げて応援した西が丘サッカー場での、強豪実践学園と戦う選手たちの勇姿を見ていて、この両校の実力に迫ってきている、と私は内心評価しているのである。

ところで、書に向かう心構えに、「横棒三年、縦棒十年、点は一生」という言い方がある。一生かけて納得できる「書」を書こうとの意識が、心・技の充実を生み、意識を超えた無意識の宇宙観が芸術に繋がる。言い換えると、筆を使って書いていることすら忘れるほどの無我の境、虚心坦懐で物事に接せよ、との謂いであろう。

自分の為すべきことを意識して、また、意識してそこから究極の無意識の世界に到達する。人の大事とはこのようなプロセスを経て大成されるものであることを、私は全国高校サッカー大会の観戦から、改めて学んだのである。

（平成二六年度『山吹』）

二つの詩から学ぶもの

今年度の『山吹』は、二作品の詩を通じて、人間の生き方について少し考えてみる。思想家の内村鑑三(一八六一〜一九三〇)に、『寒中の木の芽』という詩がある。

一、春の枝に花あり／夏の枝に葉あり
秋の枝に果あり／冬の枝に慰《なぐさめ》あり

二、花散りて後に／葉落ちて後に
果失せて後に／芽は枝に顕はる

三、嗚呼憂いに沈むものよ／嗚呼不幸をかこつものよ
嗚呼冀望《きぼう》の失せしものよ／春陽の期近し

四、春の枝に花あり／夏の枝に葉あり
　秋の枝に果あり／冬の枝に慰あり

（『内村鑑三全集』岩波書店）

この詩は、自然の持つ大いなる恵みを謙虚に享受しながら、われわれに生きることの指標を提示している。春夏秋冬四季折々の歓びを経て、冬の凛と張った裸木の枝には慰めがあるという表現に、作者の苦難の日々を生き抜いた強靭な精神力を窺い知るのである。花・葉・果のそれぞれが、落ち散り失せた後に、新たな希望の芽が枝に顕れると激励し、逆境に陥った際に沈みがちなわれわれの心に、春陽の期の近いことを伝えて、未来への確かな希望の灯を点すのである。

作者内村鑑三は、上州高崎藩士内村宜之の長男として江戸に生まれ、「三度自己を鑑みる」という意味で、父が「鑑三」と名付けたと言われている。同時代同郷の人に、同じクリスチャンとして名高い新島襄（一八四三〜一八九〇）がおり、本校の初代校長である新渡戸稲造先生（一八六二〜一九三三）とは、札幌農学校時代の同級生であり、野蛮国家と見られていた日本を海外に紹介する役割を担った方々である。

この三人の歴史上の偉人と席を同じうしようなどという烏滸がましい考えは寸毫もないが、私も同じ上州の前橋出身であり、さらに本校と新渡戸稲造先生との関係を思うとき、縁という時空を超越して存在する繋がりの妙と、そこで学び合えることの喜びを、改めて噛み締めているのである。

また、高田敏子氏の『浅草観音』という詩の一節に、

右の手の悲しみを／左の手がささえ
左の手の決意を／右の手がうけとめる
その上を流れる静かな時間
こうした姿勢を教えて下さったのは
どなたでしょう

（『高田敏子全詩集』花神社）

というのがある。

私は昨今、日本中を沸かせたラグビーのワールドカップ・イングランド大会での五郎丸

歩選手の、キックの前の祈りにも似た儀式からこの詩を思い、難局に対応する凛としたスタンスの大切さを教えられたのである。

二つの詩の気色は、実に嫋《たお》やかで強く、われわれに日々真摯に学ぶことの意味合いを教示している。


（平成二七年度『山吹』）

高校生、国政参加

今年は高校生にも選挙権が与えられた年である。一九四五年以来の約七〇年ぶりの法改正であり、選挙権を「十八歳以上」に引き下げる「改正公職選挙法」が、六月一九日付けで施行されるという画期的な選挙年度に当たったわけで、「十八歳と十九歳」の約二四〇万人の新たな有権者が誕生するのである。

総務省の発表によると、世界では、一九二カ国のうち、九二％にあたる一七六カ国が一八歳までに選挙権を与えているという（平成二六年二月国立国会図書館調べ）。

そこで本校では、法改正に伴い、急遽の七月十日に差し迫った参議院選挙の対応策に追われた。

生徒たちには初めての国政選挙であり、学校を挙げて取り組まねばならない重要課題である。先ずは目前に選挙日の迫る三年生を対象に、選挙の意義とその方法、更には高校生が陥り易い選挙違反の具体例などを示し、それらを基に生徒たちが、自ら考えて主体的に行動することの必要性をレクチャーしたのである。

ただ、その際に、同学年の同クラス中に選挙権を有する生徒と、そうでない生徒とが混在することに、最初はある種の戸惑いを感じたのも事実である。

いずれにしても、選挙という、生徒も教師も民主主義の根幹をなす意思表示の行動だけに、この社会制度を通じて、生徒たちが政治に直接参加し、社会をよりよい方向に変革しようとの意識を高める「主権者教育」が本格的に始まったのは大変に意義深いことである。

歴史的にみると、日本人の近現代意識は、明治維新と第二次世界大戦の敗戦（一九四五年・昭和二〇年）によって大きく変化したと言われる。

日本の歌謡界を代表する作詞家阿久悠氏は、昭和二四年の小学校六年生のある日、朝六時に起きて淡路島の西海岸から明石まで、映画『青い山脈』（原作石坂洋次郎）を見るために出かけたという。この時代の特色を、彼はこう回想している。

民主主義という言葉が、幅をきかしていた時代であったが、その実、誰も民主主義など知ってはいなかった。要するに、旧時代が悪とするならば、それと逆のことは全て民主主義であり、善であると思い込んでいただけのことである。

この辺りのことを評論家谷沢永一氏の言を借りると、当時の大人たちは、警官を侮辱すること、親を愚弄すること、公徳を軽視すること、勤勉を嘲笑すること、それらすべてが民主主義だと思い込んでいたそうだ。その時代相の中で、映画の興奮を反芻していた少年は、少なくとも野球と『青い山脈』、これだけは民主主義の世の中でなければできないものだ、という直感を信じようとしていた、という。

保善生諸君よ。人の記憶は時間とともに薄らぐというが、決定的な記憶が原点にあって、それが私たちの行動とその評価の物差しになっているのである。人は誰でも自分から時代を選んでこの世に誕生することは不可能なのであるから、この「十八歳選挙」の権利と義務と、その責任を立派に行使することによって、自国の文化をよりよいものに構築する覚悟とその認識を持ち続けることの必要性を忘れてはならない。

（平成二八年度『山吹』）

第5章　高校生活と私

保善ニュース

本に恋する季節です!

保善祭・体育祭
一致団結の学校行事

何かを生み出す力を

空手道部
団体組手で全国5位に

六百名超の来客を迎え

成長を促す経験に

志望校決定に向けて

広報紙

気概の行動を旨とし

つい先日のこと、

花つ月《づき》
梅の後には桜花
時の経《たて》糸
紡ぎて咲かむ

という佐藤弘弥氏の歌をゆくりなくも目にして、私は強く心を惹かれました。

厳しい冬の寒さから目醒《ざ》めた梅の蕾《つぼみ》が綻《ほころ》ぶ、やがて早咲きの桜が眼下一望戸山公園に咲き誇る、と見る間に、今は盛りの藤の花房が薫る風に輝いている——

歌の月とは異なるが、この「花つ月」の歌そのままに、季節の移ろいのなかで、人は掛け替えのない人生のひと刻《とき》ごとをきざみ続けている、としみじみと感じる昨今でした。

改めてわが身を省みますと、私にとってこの教頭職の八年間は、瞬く間の年月との感がありました。そして、また更にここで、八十四年の歴史と伝統を閲《けみ》する保善高等学校の校長という大役に就くことになりました。その職の負う重さに思いが至りますと、心を決し兼ねる日々が続きましたが、次の一文によって心が定まりました。

それは、「かつてプラトンは、人間の行動を決定する要素として、欲望・理性・気概の三つをあげた。水を飲みたいと思えば、飲む。これが欲望の行動である。しかし、水に毒が入っていると分かれば、飲まない。これが理性の行動である。だが、毒が入っていても、人間としての誇りや使命感を失わないためには、その水を飲むこともありうる。これが気概の行動である」というものです。この文言に私は、教育に携わる人間のある種の覚悟、心の底に秘めて持ち続けなければならない大事なものを、改めて突きつけられたように思いました。

プラトンの言う理性と気概の関係、いわば飲みたくない水も、時に飲まなければならない。従って、ことを決するのは容易なことではありませんが、人を教育するという烏滸《おこ》がましい職場に身を置いている限り、越えなければならない新たなハードルを提示されたのだと思いました。

そこで私は、「教育は模倣に始まり、創造で終わる」と言われるように、「いつでも・どこでも・だれからも・何からでも」学ぼうとする姿勢を、私自身が率先して保《も》たなければならないことを強く意識したのです。

ここに、責務を担うに至る真情の一端を吐露して所感とし、併せて本校関係者の弥栄《いやさか》を祈念致します。

（保善ニュース一六六号）

速やかな決断と行動

思いもかけぬ麻疹《はしか》の流行は、首都圏の各大学を相次いで休講に追い込んだ。

本校と同じ新宿区高田馬場に位置し、五万五千人の学生を擁する早稲田大学でも十数名の罹患者が発生し、全学閉鎖を余儀なくされている。本校でも、地域感染の余波をもろに受ける形で十三名が罹患したことから、学校保健法に基づき、直ちに学校閉鎖の措置を講じた。折しも中間試験の二日目であった。

本校のこの麻疹拡大防止への対応は素早かった。青木教頭と岸養護教諭を中心に、学校医の指導のもと、九二七名の全生徒に「罹患・未罹患・未接種」の調査を行い、五四名の未罹患者とワクチンの未接種者を判別して、それぞれに適った応急の措置がとられた。

かつて麻疹は、一度予防接種をすれば生涯罹患しないと言われていたが、最近では、予防接種をしたはずの中高生や大人が罹ってしまう例も報告され、それを修飾麻疹と称することも知った。

日本では一九七六年に定期予防接種が導入され、八九年春には、「はしか・おたふくかぜ・風しん」を予防するためのＭＭＲ（三種混合）ワクチンも導入されたが、副作用で死亡したり重度障害を負ったりするケースが相次いだことから、九三年まで予防接種が中止され、この四年間の接種率は急激に下がった。その後不安を感じて再開されたようだが、今回の流行は、「当時、接種を控えた世代の可能性がある」と指摘されている。

ところで、古来、人々は、火事や地震よりも恐れていたのが疫病（伝染病）であった。江戸時代に疱瘡（天然痘）・麻疹・水疱瘡は、人生の「お役三病」と呼ばれるほど死亡率が高く、一度罹れば死を意味した。諺に「疱瘡は見目《みめ》定め、麻疹は命《いのち》定め」と言われるように、当時この病気を無事に通過することが人生最初の願い事だったのである。

しかし、それほどに多くの人々を死の淵へと追いやる怖い病気であったにもかかわらず、当時の人々は、人生の通過儀礼として真正面から受け止めていたところに、ワクチンもないいかんともし難い時代を生きる人々のしたたかさを垣間見る思いがする。

今回の麻疹騒動を通して、予想外の緊急事態に直面した時、周辺の動きに惑わされることなく可及的速やかに事を決断し、必要部署と協力して行動することが何よりも大切であることを、改めて実感したのである。

（保善ニュース一六七号）

深まる秋に、恕の心を

万物が滾《たぎ》りたった猛暑を記録した今夏、ようやくにして立った風一条に、ふと秋を感じた、と思いきや、ひと息の間に〈戻り夏〉。兼好法師は「もののあはれは秋こそまされ」を「人ごとに言ふめれど」と一拍置いて、「春の気色」に心浮き立つと軍配を上げている。（徒然草十九段）しかし私は、「人ごとに言ふ」秋に心寄せる。

日本人の美意識はまさに季節の移り変わりのなかで自然に培われたものであるが、取分け、夏から秋への変化の妙は殊更のようである、『古今和歌集』の「秋来ぬと目にはさやかに見えねども風の音にぞおどろかれぬる」（藤原敏行）などは、その代表歌として余りにも有名だが、ここに日本人の繊細な美意識の表出をみる思いである。

翻って、〈ヤル気、あります。ぼくらの保善高等学校〉この文言に本校全員の思いが込められているわけだが、このヤル気を喚起する源泉は、やはり周囲の微かな変化に気づく、という豊かな感性の養成にある。

ある雑誌に紹介された話だが、「ある夫婦の子は生まれた時、かなり重症の身体障害と知的障害を伴っていた。両親は一人息子の介護のために四十年を捧げたが、息子は肺炎のために亡くなってしまった。夫婦は悲しみで引きこもるようになってしまったが、『これではいけない』と飛行機に乗って旅行に出かけ、機内の窓際に息子の写真を置いて座った。機内サービスの際、夫婦はジュースを注文した。二つのコップにジュースを貰った後、客室乗務員の女性が『窓際の方にもどうぞ』と三つ目のコップにジュースを注いで差し出してくれた」そうである。夫婦の感激は一入《ひとしお》であった。客室乗務員は、まず窓際に写真が置いてあることに〈気づき〉、一緒に旅行している心情に〈感動〉し、「窓際の方にもどうぞ」とジュースを差し出す〈行動〉を起こしたのである。この〈気づき・感動・行動〉の成立こそ本校が目指す教育の原点であり、これ全体が感性教育なのである。

私は俳句という、僅か十七文字の短詩型文学に惹かれる。それには、この逸話のように、相手を思いやる心や、短詩型ゆえにその心情を察し合うことでより理解を深めようとする日本人の深慮の心が窺われるからである。

折しも深まる秋は、われわれに「雨降らば降れ、風吹かば吹け」という、ある種の居直りにも似た強い心で生きることの必要性を教えているようでもある。が、その一方で、われわれに他者の心を温かく推し量る〈恕の心〉を伝えようとしている。

（保善ニュース一六八号）

「保善魂」に触れる

私には広すぎる感の校長室だが、その時空の距離を埋めてくれるかのように、四方の壁面に諸先輩揮毫の書画が光彩を放っている。

そのうちの一つに、「『保善魂』臨雲豊」と書かれた横二メートルに近い扁額がある。本校の二代目理事長で、大蔵大臣の重責をも任った結城豊太郎先生の書である。爾来本校では、この「保善魂」なる言葉が盛んに使われ、多くの生徒がこの言葉に鼓舞され勉学に励んだのだろう。卒業生や本校関係者から、折に触れてこの言葉が口を衝いて出るのも頷けるものがある。

それだけの影響力を持った言葉「保善魂」であったが、それを多くの人が繰り返し使うことで一般化され、その迫力と輝きが徐々に失われつつあるのを、時間が齎《もたら》すものかと憂慮していた矢先、その私の思いを吹き飛ばすような場面に出会ったのである。

それは、本校のサッカー部が、東京都第三地区新人選手権大会の決勝で、名門駿台学園と対戦した時のことである。

試合は、序盤から白熱した展開となったが、先制点を奪われた。その後一進一退の状況が続いたが、後半一六分、漸く同点に追いつく。そのまま延長戦に突入した後半の八分、コーナーキックからの貴重な得点で歓喜の優勝を決めた。

狂喜した選手達は応援席に駆け寄り感謝の意を表した。次いで、退職してちょうど二十年、今なお本校の運動部を温かく見守り続ける梅本忠之先生と三木事務長と私の前に整列して一礼した。その直後一人の選手が私に飛びついた。それは、まさに勝利の歓びが迸《ほとばし》った感動の瞬間であった。その時私は、選手に抱かれながらも胸と胸との間に空けられた僅かな隙間から、泥にまみれたユニホームで私の着衣を汚すまいという選手の細やかな配慮を感じていたのである。歓びの直中《ただなか》にあっても相手に対する気遣いを忘れない、まさにクラブ活動によって培われた「保善魂」の一つの精神に触れたようで、心打たれたのである。

かつて日本人は物の中にも心があり、物と心は一つである、物が豊かになることは心も豊かになることだと信じた。しかし、物の豊かさが必ずしも人々の幸せに直結しないことを知り、改めて心の在り方が問われている昨今、教育界の果たす役割は大きい。特にスポーツは、ややもするとテクニックが先行する傾向の中にあって、本校サッカー部の選手達の態度は、単に「保善魂」の健在を示したのみならず、広く高校スポーツの心の在り方を示唆したものとして高く評価したい。

（保善ニュース一六九号）

人は言葉を浴びて育つ

ある教育者の詩の、

太陽は
夜が明けるのを待って
昇るのではない
太陽が昇るから
夜が明けるのだ

という一篇にゆくりなくも出会い、私は強く心惹かれたのである。それは何気なく表現された詩のようであったが、そこには、実にスケールの大きい志の高い人間の生き方が表現されているからである。

卯月七日、折しも春爛漫の戸山公園を俯瞰《ふかん》して、平成二十年度の入学式が、新入生二四五名を迎えて厳粛のうちに挙行された。

新入生のどの顔にも、高校入学という新天地に分け入る期待と不安とが交錯した表情が見え、周囲に心地よい緊張感を漂わせていた。

私も学校という現場にあって、いわんや校長職の大任は、太陽が「夜が明けるのを待って、昇る」などというパッシブな姿勢では到底果たし得ないことを、改めて認識させた入学式であった。

翻って、教職員はもちろんのこと、生徒諸君の一人ひとりが、この詩のように主体的に輝く太陽になって、より一層の光を放ってほしいのである。「木は光、人は言葉」と言われる。「草木は光を浴びて育ち、人は言葉を浴びて育つ」のである。高校生活を通じてこの感動に満ちた言葉を全身に浴びて、友情を、深い師弟愛を育んでもらいたいと願っている。

高校生活は一生に一度しかないから、親や教師に左右されず自分の思うように青春を謳歌したいと言う者がいる。そのような思いも尊重しなければならないが、しかし同時に、一度しかない青春時代だからこそ、やりたくないこともやらなければならないことがあるのを忘れてはならない。要は、自分の未熟さに目をつぶって、未熟な自分に都合のよい解釈だけをして生きようとすることの危険性に思いを致さなければならないのである。

現代は、科学技術の発達によって豊かになり便利になっている。その側面では、できる限り面倒なことを避けて通ろうとする、厄介なことから身を退こうとすることが多くなってはいないだろうか。人は不便なことに耐え、進んで面倒なことを克服する力を身につけることを通じて、大人に成長してゆくのである。

皮肉にも人類が永遠に追求して止まない「便利さ豊かさ」が、一方で、人の成長を阻《はば》んでいるとしたら、本校の目指す、「気づき、感動し、行動する」という教育が果たす役割は、真《まこと》に大きいと言えるのである。

（保善ニュース一七〇号）

教育実習生の手紙から

季節は巡り来るもの去り行くものと解っていても、時日の移る速さにはただ目を見張るばかりである。

今年も、六月になって年中行事のように、十二名の卒業生が教育実習生として、それぞれの大学から母校へ帰ってきた。

恰《あたか》も今年度は、教員免許状更新の予備講習が実施される。本校でも、予め年齢別に定められた先生方がこれに参加することになっている。平成十九年六月に新しい「教育職員免許法」が成立し、平成二十一年四月から本格的に教員免許更新制が導入されることに先駆けての実施である。十年以上勤務したベテラン教師が初心に返り、また最新の知識技能の修得に励むのである。

教育実習といえば、昨年末に養護の女子教育実習生から届いた便箋六枚にも及ぶ手紙を思い出す。

柔道部の生徒が右肘を脱臼し、付き添って病院での治療を終えて柔道場に戻る道すがらの会話が綴られている。

「私が、『今日はもう練習できないし、着替えなきゃ（汗のままだと風邪をひくから）いけないね。これからの生活が大変に（ギプスを装着した生活）なっちゃうね』と言うと、生徒は、『できることはたくさんあるので、今日（の部活の練習）はまだできることをやります。試合も近いので、休んではいられません』とキッパリと返されました」というのである。

実習生はその時の驚きを、「先ほど脱臼し、今日から一変して不自由な生活が始まるというのに、まだ柔道のことを考えている。私としては、自分の身体面のことをもう少し気遣って貰いたいのに、本人は出場できない自分のことよりも友達の試合を支援しようとしている」とお互いの捉え方の違いに思いを馳せている。

この生徒が部活動を通じて培った「目先のことよりも、数カ月先のことを見据えて」の行動に、「『ヤル気、あります。ぼくらの保善高等学校』のスローガンとは、こういうことなのか、保善高校の教育実績を見た気がしました。私はもっと彼らの興味関心に目を向けなければいけない」と自省にも実感がこもる。

そして、「この生徒と関われたことで、脱臼という症例を実際に学べただけでなく、私の心の在り方まで見つめ直す機会になったのです」と結んでいる。

教育とは、生徒と教師が互いに生きる「現実」と真摯《しんし》に向き合うことであり、教えることとは共に学ぶことであるということを、この手紙は見事に物語っている。

（保善ニュース一七一号）

自分の言葉に辿りつく

爽やかな秋の風が頬を撫でる。いよいよ「天高く馬肥ゆる秋」の到来である。

ところで、この言葉はもともと中国の古典からきたもので、「秋高く馬肥ゆ」である。「実りの秋になると北方の遊牧民の馬が肥え、その馬に乗った匈奴《きょうど》が、収穫したばかりの農作物を狙って侵攻してくる」という意味が込められている。つまり、外敵に対して最も警戒すべき時季の言葉なのである。

それを季節感の微細な感覚で、秋の素晴らしさを象徴する意味の言葉に変えてしまう日本人の感性は、やはり元来が平和を愛する民族なのだとつくづく感じるのである。

さて、私は、今学期の始業式ですでに一学期の終業式で話した「風車風が吹くまで昼寝かな」（弘毅）という句に再度触れた。それは、生徒諸君がこの夏休みの生活体験から学び取った心の変化を通して、この句にどういう解釈が加えられたのか、大いに興味を覚えたからである。

俳句はわずか十七文字の詩であるが、人の深奥を衝く力を持っている。それは、ゆったりとした言葉であろうと押し詰まった言葉であろうと「的確に表現する」との意味で鋭いのである。

従ってこの句は、ただ徒《いたず》らに坐して幸運の風を待つ意でないことは明白である。「運」の文字も解字で示すように、「軍隊」の「軍」と「辶」で構成されている。まさに軍《たたか》いながら前進する意味で、そこから幸運にも繋がるのである。私が敢えて再びこの句に触れたのは、この句の作者のように、泰然自若としてわが身を風車に投影させ、機に備えて準備を怠らない、機に乗じて常に本領を発揮できる生徒であってほしいし、教師でありたいとの願いの謂《い》いなのである。

さらに私は、この始業式で、自分の言いたい言葉に辿《たど》り着くことを目標に掲げた。

この夏、日本国中が北京オリンピックで沸いた。中でも水泳競技で百・二百《メートル》の二冠を制した金メダリストの北島康介選手は、インタビューでその感想を求められて、「なんも言えねぇ！」と振り絞るように応えた。彼は、過酷な道のりを乗り越えてこの言葉に辿り着いたのである。

表現とは、まさにその人の生き方の結実であり、それまでの人生の歴史を前提にして変わり続けるものであることを実感する。そしてその心を伝えるのが、正《まさ》しく言葉なのである。

「秋の日は釣瓶《つるべ》落とし」という言葉もある。あれよあれよと思う間に日は暮れて暗闇になる。暗中に模索し、心して自分の言うべき言葉に辿り着きたいものである。

（保善ニュース一七二号）

「啐啄同時」のこと

禅の言葉に「啐啄同時《そったくどうじ》」というのがある。

鳥が卵から孵《かえ》るときに、雛が内側から殻を突っつくことを「啐」といい、親鳥が外側から殻を突っつくことを「啄」という。この呼応のタイミングが同時にはたらくことで殻が破られ、新しい生命が誕生する。この阿吽《あうん》の呼吸を形容した言葉である。

従って、内側からの雛の求めに親鳥が応えなければ雛は殻から出ることができないし、親鳥からの求めに雛が応えなければ、同じように雛は卵から孵ることはできないのである。

生々流転する自然界の営みは、現代社会を生きるわれわれに、実に多くのことを教えてくれる。

翻って、そこから本校の教育を考えてみよう。

言うまでもなく、考えることの中心に言葉がある。その言葉を使って、自分の思いや考えを相手に伝えようとするときに、受け手の能力や状態を慮《おもんぱか》らずに、一方的に自分の思いを押しつけてしまったら、それがたとえどんなに正しく、また相手を慮ってのことであったとしても、ましてや受け手側にその態勢ができていなければ、その気配りは水泡に帰することになる。

また反対に、相手側から一所懸命に思いを訴えられても、それに気づいてやれなければ相互理解は成立しないのである。

つまり、伝えたいという思いと受け止めようという思いとが、一つになったときに初めて、「理解」という人間関係に、生命が宿るのである。

しかしこの学校生活で、生徒同士、教職員同士、生徒と教職員、生徒と保護者、保護者と教職員との各々が、互いに理解し合うということは決して易しいことではない。自分は常に前向きに生きていると思える人間であっても、である。

だからこそ、日々を生きるなかで、常に心を揺さぶられる言葉に出会おうとする訓練が必要なのである。表現の本質について作家の大江健三郎氏の言を借りると、「言葉の使い方をよく考えることは、どのような人間として生きていきたいか、友達とどんな関係を保っていきたいか、その根本の態度を作ることになる。どう表現し、文章にするか。またどう書き直せば、正確に表現できるか。そして書き直すことが、どんなに己の考えを整頓するのに役立つか。それによって、少しずつ前に進み、自分を柔軟にし、繊細にしていくことさえできる」のである。

子どもの誕生と同時に母親が生まれるように、未来に繋がる生徒を育てることは、同時に真の教師も育つことになるのである。

（保善ニュース一七三号）

今を、大切に生きる

道歌に、

今今と
今といふ間に
今ぞなく
今といふ間に
今ぞ過ぎゆく

というのがある。この歌の解釈の要もあるまいが、「今やろうと思っている瞬間、もう今という時間は過ぎ去ってしまう」意で、まさしく「時は得難くして失ひ易し」（史記）をつくづくと実感する日々である。

弥生十四日、激しい風雨のなかを、三二一名の卒業生諸君が颯爽と本校から巣立っていった。が、私は、追想に浸る間もなく、翌朝には沖縄修学旅行の機上にあった。無事に行事を終えて帰ると、学校は入学式の準備に大わらわであった。殊に新入生を迎える当該学年の先生方の働きぶりには心打たれる。

卯月八日、折しも桜吹雪の舞うここ戸山が原に、平成二十一年度入学生三〇三名の諸君が、清々しい表情をもって本校への入学を果たしたのである。

そこで、本稿では新入生オリエンテーションでの話に触れつつ、「学ぶこと」の深奥を探ってみたい。

先ず、「学習」の語源についてである。「学」の「学ぶ」は、「真似る→まねぶ→学ぶ」と変化したものである。「習」は、「羽」に「白」と書くが、雛鳥が、飛べるまで翼を動かして飛び方をならう意で、先人の知恵を繰り返し復習して身につけることを意味する。

しかし、私がここで表現したい「学ぶ」というのは、もっと創造的なことを意味する。それは、同じ先生から学んでいても、それを基にして、主体性、創造性のある学び方をしてほしいということである。私たちが学ぶのは、単に万人向けの知識や技術を習得するためのものではなく、自分がこの世でただ一人のかけがえのない存在であるという事実を、一つ一つ確認するためである。

高校生活は、一〇〇〇日のドラマだと言われる。

出会おうとして出会えない、避けようとして避けられない人生の一時期である。だから、人は、その瞬間瞬間の出会いによって導かれ影響されてあることに気づかされる。

本校の教育は、「気づき、感動し、そして行動する」ことに基を置く。それは、日頃誰も教えてくれない、自分自身も意識していないほどの普通のことに気づくことにある。水や空気のように、一見なんでもないものに思えるなかに、深遠なことが隠れているからである。

この生きている瞬間瞬間の今を、いかに大切に生きるか、この今に、学ぶことの真が問われている。


（保善ニュース一七四号）

利便性が齎《もたら》すもの

今、世界中で新型インフルエンザが猛威を振るっている。

本校も例外ではなく、その脅威に晒されているが、他校の多くが学校閉鎖に追い込まれている中で、本校では先生方はもちろんのこと、生徒諸君とその保護者の心配りと懸命の努力によって、今のところは二学級の閉鎖に止まっていることは、その成果と言えよう。

われわれがここで特に恐れるのは、罹患してしまうことではなく、病勢が一挙に拡大することなのである。従って、少しでも集団感染を防ぐために二学期の始業式は校内テレビ放送で行ったのであるが、私にとっては機械に向かって話し掛けるという、甚だ味気ない思いの式となった。

その折に、このところ世界中で得体の知れない感染症が蔓延していることに触れたので、本欄ではその問題を少し考えてみたい。

それは、鳥インフルエンザや豚インフルエンザ、あるいは狂牛病といわれるものであるが、われわれの、まさに身近な食材に端を発しているということに注目せざるを得ない。

養鶏や養豚にしても、さながら機械工場で飼育するようであり、また牛には、共食いに等しい肉骨粉等を与えてその成長を助長させるなど、経済効率のための生産性を重視した結果が、今日の感染症を生む一つの要因ではないかと推察するのである。

さらに、一学期の終業式に遡る。

今日の科学技術の発達は、われわれに携帯電話という、実に便利なものを与えてくれたが、同時にその利便性が齎す心地好さから、却って負の面をも背負ったことに気づかされる。

ある作家は携帯電話によって、「待ち合わせ」という美風が消えつつあると言い、ある脚本家は「すれ違い」のドラマが書けなくなったと嘆いている。確かに携帯電話の普及は、われわれを決められた時刻と決められた場所で「待つ」との制約から見事に解き放ったが、考えてみれば、「待つ」という動詞ほど時間条件の入力とともに変貌する言葉を私は他に知らない。待つという行為を通して広がる期待感や焦燥感、あるいはそれが果たされなかった時の、失望感や猜疑心等々が、同一の行為でありながら、その心に様々な変化を齎すのである。その心の変化を言語化する作業こそ、われわれが生きていく上で最も大切なことなのである。

今こそ、われわれは生産性や利便性の重視によって得るものばかりでなく、失われるものにも思いをいたし、真の豊かさについて熟考したいものである。

（保善ニュース一七五号）

「成熟する」ということ

今年度の卒業文集『欅』に、私は「大事な今が、生涯の今」と題した一文を寄せて、卒業生諸君への餞《はなむけ》とし、その文末を「本校で日々研鑽した確かな自己をもって、今後の人生の切所《せっしょ》を一つひとつ乗り越えていくことを、ここ戸山が原から祈念しています。」と結んだ。本欄では、その乗り越えるべき「人生の切所」についてもう少し考えてみたい。

切所というのは、峠などの難所を示す言葉で、人生の岐路となる重大な局面に差し掛かったことを表現するときにも使われる。

それ故、人が生きるにはさまざまな切所というものがある。今年度で八十六周年を迎えた本校にも、多くの切所越えがあったであろうし、これからも遭遇することになるだろう。

私は、人がそんな人生の切所に立ったとき、問題解決の指針となり、心を奮い立たせてくれるのは「言葉」だと思っている。心の琴線に触れる言葉ほど、われわれを支えてくれるものを他に知らないからである。

いのちの根　　　　　相田みつを

なみだをこらえてかなしみに耐えるとき
ぐちを言わずに苦しみに耐えるとき
言い訳をしないでだまって批判に耐えるとき
いかりをおさえてじっと屈辱に耐えるとき
あなたの眼のいろが深くなり
いのちの根が深くなる

という詩がある。この詩には、作者の人間への深い慈しみの心情が滲み出ている。さらに、人間を生きることの覚悟とその意味合いが明確に提示されているのである。よって、単なる忍従讃歌の詩でないことは明白であろう。

翻って、教育の目的は、人を成熟に導くことにある。成熟するというのは、端的に言えば、自分がその問題の解き方を教えられていなくとも、自分で解ける能力を身につけることである。人生には、そのようにして成熟した者でなければ理解できないことが数多《あまた》あるからである。

従って、人生の切所を乗り越えるには、日々の研鑽から含蓄ある言葉を紡ぎ、また他者からも享受できる成熟した自己を構築しなければならないのである。

われわれは、日々成熟に向かう自己を、着実に育てる生き方を歓びとしたい。


（保善ニュース一七六号）

「微かなもの」から

季節外れのことの書き出しに、「探梅行」という言葉がある。冬のさなかに微《かす》かな春の気配を探って山野を歩き回る意で、名所とされる梅林に咲き誇る花を観るのとは、趣を異にする景を言うのである。

私は、こういった季節のわずかな変化や人の感情の揺れを感知するには、その微細なものに、わが身を重ね合わせるようにして聞くより外に、そのものの本質を実感できる道はないと思っている。「微」には、数字の一の百万分の一の意味もあるように、あるのかないのか分からないような微に心を揺さぶられることで、感覚が研ぎ澄まされ、そこに「微かなものから確かなもの」を見出す能力が養成されると思っている。

折しもあれ、花冷えの卯月八日、桜吹雪の舞うここ戸山が原で、選抜された新入生三〇七名を迎えて、平成二十二年度の入学式が、厳粛のうちに挙行された。

私は式辞で、八十七年の歴史と伝統を誇る本校への入学に心から祝意を表する。そして、めでたく希望の叶った人は、さらに飛躍する努力を、と話す一方で、心に懸かるのは、本校に第二志望で入学した生徒のことである。人は多くを失敗から学ぶのだから、その悔しさをバネとして、今後の高校生活に活かすべきで、「いつまでも過去に拘泥《こだわ》り、嘆くのみの未熟なプライドは直ちに捨てて、成長するための真のプライドを身につけよう」と呼びかけた。

高校生活は、よく一〇〇〇日のドラマだと言われる。その目まぐるしく変転する日々を、ダイナミックに捉えるには、どのようにして過ごせばよいのか。

大人になるということは、子どもが成長しながら、やがて「辛《から》いもの苦《にが》いもの」が食べられるようになるようなもので、いみじくもその文字が示すように、人生の「辛《つら》いことや苦しいこと」に耐えて生きられるようになることにある。

少々大仰な言い方になるが、われわれの身体は一秒ごとに変化している。人間の全身の細胞は三日で全部入れ替るということだから、三日ごとに生理的には「別人」ということになる。

勉強しても運動しても、食事を摂っても、その都度、われわれは「それをする前と後では別人」になっている訳である。

このような変化の中で、諸君は一体どういう人間に再構築されるのか、大いに期待したいものである。

時季は見る間に移ろい、今は真っ白い小手毬の花が枝から零れるように咲いている。折からの薫風に揺れ映える姿は、「友情」の花言葉に相応しく、諸君らに似て真《まこと》に爽快である。

（保善ニュース一七七号）

ひとつの季節が去って

ひとつの季節が去った、と感ずるのは、次の季節の訪れを肌で感じた時である。俳人子規は、それを、

草も木も竹も動くや今朝の秋

と詠んだ。もう夏のものとは思われない気配に、ふと気づいた感動を、「今朝の秋」という季語で表現したのである。

それにしても今年の夏は暑かった。梅雨明け後に、日本付近の上空を吹く偏西風が北側に大きく蛇行し、太平洋高気圧と大陸からのチベット高気圧の勢力が強まった上に、さらに南米ペルー沖での、春まで続いたエルニーニョ現象と、今夏新たに起きたラニーニャ現象とが重なって、北半球の中緯度地域の空気が温められたことが、日本の記録的な気温の上昇をもたらしたからである。

さてそこで、日本の風土に春夏秋冬という季節をもたらし、日本人に農耕を始めとする、多くの生産行為をもたらした太陽について触れ、そこから生まれた自然科学の二面性について少し考えてみたい。

昔の日本人は、一年の初めの元旦を国土の誕生日と考えた（『庭と日本人』上田篤著）。それは、太陽を基準に一年の初めと考えたからである。太陽の光が一年の中で最も弱くなる日が陰暦の冬至である。その翌日から太陽は、日一日と光を強めていく。その太陽復活の第一日が、元旦であり、本来の正月だった。つまり太陽の変化に合わせて人間も成長する、と考えて、人々は朝に夕に太陽を拝んできたのである。

しかし、今日の日本人は自然科学の進歩に伴って、自然崇拝の価値観を大きく変えた。もちろん科学技術による功績は計り知れないものがある。が、同時に負の側面にも思いを致す必要性を痛感するのである。

例えば、子どもが山道で石に躓いて転んだら、その子どもの注意力が問われることになる。自然の中では不測の事態が起こり得ることを想定して歩かねばならないからである。だが、科学を至上とする社会では、不測の事態は起こらないことが生活上の前提になっている。都会の真ん中で子どもが石に躓いてケガをしたら、石を置いた人間が問題にされるのである。

これは、「転ばぬ先の杖」などの古諺でフォローできる問題ではなく、子どもが転び方を知らなくとも生きて行ける、との危うい錯覚を生みかねない。

自然の変移は、われわれにさまざまなことを気づかせる。今日の科学技術の真の利便性についても、生徒諸君と謙虚に考えたいものである。

色変へぬ松に視線を戻しけり　　大串章

（保善ニュース一七八号）

美の残像を感じとる

欅は、校歌に〈嵐に立つや欅の木〉と歌われているように、本校の校木で成長のシンボルである。

この親愛なる欅の木は、本校創立八十周年記念事業による新校舎建設に伴い、旧正門傍から現位置に移植されたもので、大木ゆえに根付きが心配されたが、今は裸木にして天空にそそり立ち、冬の大地にしっかりと根を張り、凜として時節を待っている。

さて、今年度の卒業記念文集『欅』に、私は「人には、人から育てられる時期と人を育てる時期とがあります。諸君らはいよいよ次なる時期、つまり社会から受けた恩恵に応えるべく、その責務に向かって新たに始動する時期を迎えたのです」そして「この戸山が原で学び育てられた諸君が、やがて実社会で人を育てる人材になることを期待します」と認《したた》め卒業生への餞《はなむけ》とした。

顧みるに、人生で一番多感な時期である高校時代に、何を学びどう吸収したか、何を体験しどれ程に感動したか、どんな時にどう堪え忍んだか、何に関心を持ちどれ程に熱中できたか、また、選択を迫られた時や障害に直面した時、どう決断し乗り越えたか等々は、これからの諸君らの人生を決める源であると言っても過言ではない。何故なら、人は一生「思春期の文化」を背負って生きることになるからである。ここに重ねて卒業生諸君のますますの弥栄《いやさか》を祈念する次第である。

ところで、新年度の学習指導要領から「武道」が全面実施される。折しも、空手道部が、「第三〇回全国高等学校空手道選抜大会」への出場を決めた。本校では比較的若いクラブだが、三年連続出場は快挙である。

武道は「礼に始まり礼に終わる」というが、単に形式的な礼ではなく、日本の文化伝統を踏まえた様式美を体現する礼でなくてはならない。つまり、礼を通じてその様式美の本質が窺えるようでなければならないのである。

また日本の礼は、武道に限らず、茶道、華道、香道、書道等、わが国の精神文化を支える礎になっている。型に入って型から出る、礼に始まり、礼に終わり、その後に美が残る。そして、その美の残像を感じとることができる。美を尊重し、さらに高みに向かう創造性豊かな感性を養成する人格教育で、それこそが私の理想とする教育の姿でもある。

いよいよ年度末である。多くの在校生諸君が本校での生活に慣れ親しんでいるのは喜ばしいことだが、他方で、居心地のいい安穏な社会と自己の閉鎖性とは表裏一体の関係にあることも忘れてはならない。

雄然と樹《た》ち、凜然と時節を待つ校庭の欅は、われわれにたくさんのことを語り掛ける。

（保善ニュース一七九号）

「今、ここ」を生きる

新入生の「入学説明会」を二日後に控えた、平成二十三年三月十一日午後二時四十六分。「東北地方三陸沖」を震源とするマグニチュード9・0の巨大地震が、折しも本格的な春の訪れを心待ちする「東日本」の人々に、大津波となって襲いかかった。

私はリアルタイムで報道される自然の猛威に、ただ驚愕するばかりであった。荒れ狂った大津波は、容赦なく家々を、田畑を、道路を呑み込み、疾走する車にのしかかって、私たちの誰かに繋がる掛け替えのない生命を、無情にも攫《さら》ってゆく。その映像に、私は声を失った。

あの日から一ヵ月近くが過ぎた四月九日（土）。それでもここ戸山が原には、本校の入学式を祝福するように花吹雪が舞っていた。

私は式辞で、めでたく入学を許可された二八六名の諸君に、「わが国『未曾有』の大惨事、漢文的に読めば、「いまだかつてあらざる」大地震、大津波に加えて、福島原発事故による放射能汚染という、まさに日本史上類例を見ない大災害の年に高校入学を果たす、という現実を、諸君はしっかりと受け止めて貰いたい。

人間は衰弱している時、元気の出ない時、ことが思うように運ばない時などに、その本性を露呈する、という。またそういう時にこそ周りの事を気遣える人間が本物だ、と言われる。諸君がそういう人間に成長するために、本校を第一志望としていた人も、第二、第三志望であった人も、全て今同じスタートラインに立っている、ということをここで新たに自覚して貰いたい。自分の最大の教育責任者は、誰あろう自分自身であるという自覚から、全ての教育活動は始まるのである。

加えて、「学校は自分の希望を実現するための場所であるのと同時に、『自分は何を知らないか』を学ぶ所でもある。言い換えれば、自分の知識について知識を得る所なのだ。そういう気づきの場なのである。そこで、人類が創り出した最高の文化だと言われる規則、ルールを、誰かに強制されるのではなく、自主的自律的に守ることで活きたものにし、さらに深いもの、より次元の高いことを、一途に学ぶのが高校時代なのである」と述べたが、第二、第三学年の諸君も、この式辞の抄出から「今、ここを生きる」という意味合いを熟考して貰いたい、と強く願っている。

それにつけても、この度の大震災は、われわれに多くのことを教示した。自然は、人力を超越したところに存在するものであり、眼前の現実は、一つひとつが答だ、ということである。

（保善ニュース一八〇号）

人類の継ぐべきもの

歌人の河野裕子（一九四六―二〇一〇）に、

しっかりと飯を食わせて陽にあてしふとんにくるみ寝かす仕合せ

という、子育てに勤しむ母の喜びを純直に詠んだ歌がある。
そして、時を経た彼女が癌で亡くなる前日の、

あなたらの気持ちがこんなにわかるのに言ひ残すことの何ぞ少なき
手をのべてあなたとあなたに触れたきに息が足りないこの世の息が　『蝉声』

との凄絶な歌に至って、絶筆二首となる。

作者は愛用の手帳や枕元の薬袋にも歌を書きつけ、鉛筆を持つ力がなくなると、家族による口述筆記で歌を作り続けたという。

死後、ティッシュペーパーの箱にも薄く書きつけてあった歌を家人が発見したが、判読し難い文字も多々あって、同じ歌人である長男と長女と夫君の和宏氏とが、一文字一文字丁寧に読み解いて、最終歌集『蝉声』に収めたという。

まさに作者の心ざしは、いのちと引き換えに歌人の家族のおのおのに引き継がれた。繋がるべきものが繋がるべき人へと繋がったのである。貫かれている心の強さといのちの儚さとが、切ないほど美しいと思った。

今月で、三月十一日の「東日本大震災」から八ヵ月が経過した。豊かさを求めてひた走りに走ったわが国は、バブル経済崩壊、大震災、そして原発事故が起き、今ここで大きな岐路に立たされている。人の心のあり方が大きく問われているのである。

近代になって、「神」の呪縛から離脱した人間は、自分の思いどおりに生きたい、ということを生きる根拠にした。敢えて言葉にすれば「自由」ということになろうか。そして、何事も平等でありたい、という社会を「民主的」と呼んで、われわれはあまねくその社会の実現に向かって邁進してきた。

だが、大震災後の現実は、人間が頭の中で自分に都合のよいように設定したとおりにはいかないということをいみじくも露呈した。

先人は、正義を求める心もまた人間の欲望のひとつのあり方である、と説いたが、正義への欲求が自分と質の異なるものと交わる世界では、戦いという悲劇にもなり兼ねないのである。

従って、人間は、その欲求欲望に折り合いをつけるべく、お互いに「節制する」という自制心を自分自身で選んで結実させる、という以外に「成熟」への道はない。その道への歩みこそ、人類が継ぐべきほとんど唯一のものである、と思うのである。

（保善ニュース一八一号）

心を伝える

「一番早く年を取るものは感謝の心である」というギリシアの格言に触れて、私は、改めて自分の日常生活の在り方を省みるとともに、この言葉は、現代を生きる日本人全員が心すべきことだ、と思ったのである。

本校の建学の精神の一つにも「報本反始」がある。「物事の始めに思いを及ぼして、その本源に感謝し報いること」（保善高等学校八十年史）である。

その建学の精神に則り、二八八名の諸君が、学業への精進と身体への鍛練とを結実させて、ここに無事卒業の時を迎えられたことは誠にめでたく、全校をあげて祝福したい。

私は卒業記念文集の『欅』に、〈今日よりや書き付け消さん笠の露〉という、俳聖芭蕉が奥の細道の道中で、同行の愛弟子曽良と別れた後の寂しさを詠んだ句を引いて、卒業生諸君への餞とした。卒業生の諸君は、友達のことはもちろん、殊に担任やクラブ顧問との別れには、芭蕉と曽良のごとき深い感慨を抱いているものと推察する。

そこで本欄では、心を伝える、ということについて少し考えてみたい。

人が、人に、自分の心を伝えることは、なかなか難しいことである。私も、生徒集会などで、心を尽くして話しているつもりでも、そこには、いろいろな捉え方や考え方のあることを、聞く側の態度や瞳の動きから窺い知ることがある。そこは、理解することと納得することの違いの壁を、正に私自身が学ぶ教場でもある。私の「言わんとする意味は理解できるし、納得もする」という反応から、「言うことは理解できるが、納得はできない」という反応まで様々なものが感じ取れる。が、問題は、聞く前から、聞く耳を持たない人たちである。私が言おうとする中に立ち入ろうとしない人の心の在り方である。そこに心を伝えることの難しさがある。

だが、昨今私は、あの大震災を境に、多くの日本人の思考法や発想法に、変化を感じている。深化していると言ってもいいだろう。自然の急激な変化は、確実に人の心の在り方を変えている、と思うのである。

人が本当に伝えたいことは、「言葉が表現された後に存在し始めるもの」だ。このギリシャの格言も、これから私たちの心に、どのように存在し始めるのか。

人は、忘れていいこと、忘れてはいけないこと、忘れなければいけないことのそれぞれに深い意味合いを感ずるが、肝心の感謝の心を老いさせてはならない。その問い掛けは、生ある限り続くのである。

（保善ニュース一八二号）

時分の花　真《まこと》の花

花の季節になった。

「桜は花に顕《あら》わる」という諺がある。

雑木にまぎれてわからなかったが、美しい花が咲いて、まぎれもなく桜であったことが知られる。それまでは目立たなかった者が、ある機会に、持って生まれた才能を世にあらわすことのたとえ（『ことわざ大辞典』小学館）である。

学校は、毎年三月に卒業生を送り出し、四月に新入生を迎えることで、自らを更新する場である。

折しも桜花爛漫と咲き匂う四月の八日、本校では、平成二十四年度の入学式が、来賓各位のご臨席の下、選抜された二九〇名の新入生と、それを遙かに上回る保護者四三〇名を迎えて、厳粛のうちに挙行された。

生徒にとっての一生に一度の入学式は、われわれにとっては、その年の「始まり」の時を意識し、同時にまた自分たちの原点を再確認する日でもある。

私は式辞で、来年平成二十五年で創立九〇周年の歴史と伝統を誇る本校への入学に心から祝意を表すると共に、めでたく希望の叶った者はさらに飛躍する努力を、止むなくして入学した者はその思いをバネとして、今後の高校生活に活かすことを心にかければいい。人は、バスの停留所を一つ降り間違えたために、拓《ひら》ける人生もある、と呼びかけた。

ところで、室町期の能楽師世阿弥（一三六三頃―一四四三頃）に、名著『風姿花伝』がある。通称『花伝書』といい、「芸術論、教育論、人生論」として今も不滅の光を放っている。同著は、年齢に応じた稽古の仕方や、歳を経ていく自らの人生の処し方を説いている秘伝書である。

それによると、若いうちは誰にでも備わっている、その時だけの美しさを「時分の花」といい、その若さの輝きに溺れることなく精進を重ねることによって、年を取って内面から滲み出る美しさを失わない姿態を「真の花」と名づけている。

生徒諸君は、時に「何をやっておけばいいですか。」と質問してくることがある。最低の労力で最高の効果を得ようとする市場原理主義の意識によるものであろうが、それでは世阿弥の言う、「真の花」を咲かすことはできない。大リーガーのイチローが、最低の練習量であのような大選手になれるはずのないことを思えば、教育の世界に市場原理観のそぐわないことは明白である。

生徒諸君が学校で学ぶことの意義は、「他者」から学ぶことで、「私」の中の「他者」を育てることにある。そして、桜は花に顕わる、の諺の示す「真の花」の具現化そのものにある。

（保善ニュース一八三号）

時間と共に生きる

イタリアの諺に、人は時間を測り、時間は人を計る、というのがある。私はこの言葉に出遇って、人間と時間との関係に頗る深刻なものを感じるのである。

さて、第二学期の中間試験が漸く終了した。生徒たちはもとより、先生方にとっても大忙しの期間である。期間中には交通機関の大幅な遅延というアクシデントも加わり、慌しく動き回ることになったが、そんな折も時間は、われわれに何を見据えて的確に行動すべきかを教えてくれるのである。

人は川の流れを見て、昨日と同じ水が流れていると思う人もいれば、今日は新しい水が流れていると思う人もいる。われわれ教師が物事や人間への認識が浅いと、結局生徒たちへの理解そのものも浅くなるということになる。

昨今、いじめ問題が世間の注目を集めている。いじめは、「どの学校でもどの子どもにも起こり得るものである」との認識で、本校でも積極的に指導に当たることにしている。これは大事な問題なのでもう少し触れよう。いじめは犯罪行為にあたる。他者をおとしめ、損なう、人倫に悖《もと》る行為そのものだからである。もし、そのような現場を見かけたり、少しでもその気配が感じられたら、勇気を揮って申し出てほしい。

教育とは、生き方を学ぶことである。それは他者から与えられるのと同時に、生き方を自らが自らから引き出すことでもある。また、優れた聞き手となる教師は、生徒の話の中から、生徒達の考えている以上のことを引き出していく。ただ教師側の思惑で捉えてしまうのでは、真に生徒の話を聞くことにはならない。殊に学校での学びは、学び終わったあとになって初めて自分が学んだことの意味合いや有用性について気づくことが多い。人は時間を通じて、他者と関わる中で、自分の本質を知っていくのである。

校舎の七階から戸山公園を俯瞰すると、草木が折からの秋風に揺れ輝いている。風には色も匂いも形もないが、季節の移ろいの中で、色を映し、匂いを運び、形を変えながら、物を動かす力を持っている。人や物は動きながら、やがて朽ちていくのだとすれば、それらを動かす風は、時間とも置き換えることができよう、などと取り留めもないことを考えながら、教室を見回るのが私の日課のひとつになっている。

人は誰でも一回限りの人生を生きる。それぞれに与えられた「いのち」を、その人の年齢や生き方に寄り添って、時間と共に生き抜くのである。

（保善ニュース一八四号）

柔らかき草ひとを坐らす

童話作家で詩人の宮沢賢治（一八九六〜一九三三）の『雨ニモマケズ』という詩は、賢治没後に発見された手帳に残されていたもので、彼の晩年の理想像として誰もがよく知る作品である。

さて、この度、私は、この詩をベースに詠まれたと思われる、雨に負け風に負けつつ生きてゐる柔らかき草ひとを坐らす　『月の夜声』

という歌人伊藤一彦氏の歌に触れて、人間の生き方について考えてみた。

常日頃私は、賢治の詩にあるような孤高な人間にはなれそうにないと内心忸怩たる思いでいたのであるが、この歌に出遇い、内心ホッとする自分がいることに気づいたのである。

昨今、世の中は、人生の勝ち組負け組などと称して喧《かまびす》しい限りであるが、そのような話題に抵抗感を強く持っていた私は、この歌から、作者の実直で、かつ柔軟な、それでいて実に大きなものが提示されていると感じたのである。

本校のラグビーフットボール部は、今年で創部八十周年を迎える。この間、全国大会優勝四回、準優勝三回、国民体育大会優勝九回、準優勝一回（『保善高等学校八十年史』）の伝統を誇っているが、本校のラグビー部がそうであるように、頂点に立てるのは一校で、優勝校を除いて他は最終的に敗北校なのである。一般的に言えば、優勝することは獲得することであり、敗北することは喪失することを意味しているようだが、果してそれだけのことなのであろうか。

煎じ詰めれば、勝負に勝ち続けることは誰にもできない。必ずいつかは敗北の時を迎える。多くの青春の喜びを犠牲にし、厳しい練習に耐えての敗北が、後に勝つ以上の意味合いをも有することを理解するのには、時間が要るのである。

理解とは、時間の中の出来事であるから、その時には分らなかったことが、今だったらよく分る、ということが起るのである。

言葉も、われわれは一度口に出し、文字に書いてしまうと、それ以上の深い意味合いに注意を払わずに通過させてしまうところがある。見知らぬ草も、名前が明らかになった時点で、その草の詳細についての観察を怠ってしまうように、である。

今、本校は、創立九十周年を目前に、文武両道に徹する意味合いを模索している。その一方で、それらを超越して存在する「柔らかき草」のもつ意味合いも、噛み締める必要性を感じている。


（保善ニュース一八五号）

記憶の匂い

それにしても時の経つのは早いもので、未来は刻々に現在になり、過去になる。それにつられるように、私の記憶もまた歴史の彼方を彷徨している。

さて、当学校法人保隣教育財団保善高等学校は、本年十一月九日で創立九十周年の記念日を迎える。その歴史的経過については、『保善高等学校六十年史』『同、八十年史』を御一読頂きたい。私は幸いにも、『六十年史』には編集委員として、次いで『八十年史』には編集委員長として携ったので、両年史にはそれぞれに忘れ難いものがある。

私たちは、自分の歴史、家族の歴史、国家の歴史、民族の歴史、ひいては人類の歴史を背負いながら、過去―現在―未来という連続体の中で生きている。その連続体に、いわば文章に句読点を打つように切れ目を入れて、物事を考えるのである。

顧みると、私が本校に赴任したのが昭和四十六年の四月。大学院へ通いながら国語科の非常勤講師として教壇に立ち、生徒と共に生きる喜びや教員としての姿勢を、比較的自由な立場で学んだように記憶する。

ただ、今にして思えば、この「自由」という言葉ほど人の心を惑わせるものはない。「『自らに由《よ》る』の『自ら』は、『身つから』の転。『つ』は助詞、『から』は『それ自体の意』(『大辞林』)」である。それはつまり、成長期の生徒に、未熟な自分自身に都合の良い解釈をして生きようとする心を生むことにもなるし、教師には独り善がりの教育観を生ませ兼ねない。人間は、むしろ思うようにならないことから学ぶことの方が多く、足るを知るより、足らざるに足るを感じることのほうが大事なのである。

　この度、本校の空手道部が五年連続で全国大会出場を果したことで、全国高校体育連盟から表彰を受けた。この成果に至るまでの選手の心は、日々の練習でやる気になったり、落ち込んだりと、さぞや心が揺れ動いたものと推察する。が、選手個人の「心」はいくら揺らいでも、伝統に培われた空手道の「精神」に揺るぎはないのである。

　私が赴任した当時の校舎は既に跡形もない。創立八十周年記念事業で、旧正門傍から現位置に移植された校木の欅が僅かに往時を偲ばせるのみである。若い頃私が一途に取り組んだ教育への思いが、記憶の匂いとなって身体に甦る。

　理解とは時間の中の出来事であることを改めて気づかせる、懐しい記憶の匂いである。


（保善ニュース一八六号）

精神の源にあるもの

　本年十一月九日をもって、本校は創立九十周年の記念日を迎えた。

　本校の前身である東京植民貿易語学校の初代校長で、旧五千円札の肖像画ともなった新渡戸稲造先生は、「渋柿を見よ、甘干しとなる」という言葉を残しておられる。どのような子どもでも、渋柿というレッテルを貼るのではなく、手を加えて時を経れば美味しい柿になる、の意である。また、「いかに苦しいことがあっても、ヤケになるのは短慮の極みである。逆境にある人は常に『もう少しだ』と言って進むといい。やがて必ず前途に光がさしてくる」の至言も残しておられる。

新渡戸先生の、これらの言葉は、教育者の心すべき姿勢を示しており、その願いは、本校の教育九十年の歴史の中に脈々と受け継がれて、今日に至っている。

さて、近年の本校の学校案内に、「草木は光を浴びて育ち、人は言葉を浴びて育つ」との惹句がある。これは、私の教育に携わる者としての思いの一つを表現したものである。取り分け勝れた聞き手は、話し手の話の中から話し手が考えた以上のことを引き出すと言われる。あの時のあの忘れられない言葉、心に響いた言葉、それらがわれわれの生き方や姿勢を育て、今とこれからの自分たちを築いていくのである。私が、「言葉は人を育てる」と常々言うのは、言葉が、単なる道具ではなく、話し手の精神そのものだ、と思うからである。その言葉に惹かれるということは、話し手の精神に惹かれるということでもある。さらに言えば、その精神の源には、言葉の成熟した思想が存在しているのである。

現代人は、パソコンなどの影響で、言葉は最初から存在するもの、と思い込んでいるのではないか。ややもすると、言葉の運転さえ上手にできればそれで充分である、と考えてしまう傾向にあるように感じる。この思い込みは極めて危険なことであり、言葉は、常に心を耕すものであることを忘れてはならない。

中国の故事成句の一つに、「飲水思源」というのがある。水を飲む者は、その源に思いを致せ、という意味である。それを広く解釈して、井戸を掘った人の苦労を思え、という意味合いでも使われている。本校の関係者各位も、創立九十周年記念という、この大きな節目にあたり、先人のいう「不易流行」の名言にも思いを馳せ、これらの言葉の意味合いを深く体して、保善百年の歴史の構築に向かって勇往邁進してくれることを期待する。

（保善ニュース一八七号）

金剛の露

今年度もここに二七六名の諸君が、無事卒業の時を迎えられたこと、誠にめでたく、全校をあげて祝福したい。

さて、卒業式のこの時期になると決って思い出すことがある。

二月の雪　三月の風

四月の雨が　輝く五月をつくる

というくだりである。

作者は定かではないが、ふっと口を衝いて出るのである。

また、教育は家庭で芽が出て、学校で花が咲き、実社会で実がなるとよく言われる。家庭で培われた諸君の芽を、本校の教育は、いかなる花にして咲かせることができたのであろうか。その答は、実社会という現実の中に生きて初めてそれぞれの実を結ぶことで明らかになる。卒業後の諸君の弛まぬ努力を大いに期待している。

卒業生諸君の洋々たる前途に栄光あれ。

教科書にもよく採られている川端茅舎の、

金剛の露ひとつぶや石の上

という名句がある。

夜半に大気中の水分を集めて結ばれた露が、明け方の陽光を受けて、石の上にきらめいて見える。まるで金剛のようにである。金剛は仏教用語で、かたい金属を表し、そこから金剛石（ダイヤモンド）の意で使われている。露は儚いものの例えで、それが一粒に凝縮され、石の上で厳然と光を放っている、というのである。

私は、この「金剛の露」の情景に、勉学やスポーツに打ち込む生徒の姿や、教育者として使命感に燃えつつ凛として生きる教師の姿が、重なるのである。

河合隼雄氏は、個性を育むには、それにふさわしい場が必要である。それは、言うならば神聖な場所であり、秘密の場所なのだ。白日のもとにいつも曝されていては、真に貴重なものは生じてこない。ものごとが生まれるときは、それを生み出す闇が必要である（『日本の教育の底にあるもの』）、と述べておられる。

朝顔の花が、夜の闇を通らなければ開花できないように、教育もまた数多《あまた》知れぬ闇の道を辿って開花するのを待たねばならない。露が秋の冷気を経て「金剛の露」に結実するのを待つように、である。

卒業生諸君よ、在校生よ。人は誰でも自分から時代や環境を選んでこの世に誕生することはできない。だが、自分達の置かれた場所で、自らを輝かす努力は続けねばならない。その努力の内容を常に問いながら、である。

俳句が、言葉が、われわれの「心」を見守っている。


（保善ニュース一八八号）

心耳を澄ませて

一面新緑に覆われた戸山が原に初夏の風が吹き渡っている。

わたしは風が好きである。むしろ風のあり方に憧れていると言ったほうがよいかも知れぬ。悠久の天と地の呼吸とでもいうべき風、どこでも自由奔放に立つ風に、である。己れ自身は決してその姿を見せることなく、他と触れ合うことのみでその存在を知らしめる風にこよなく惹かれるのである。

さて、今年度で創立九十一周年を迎えた本校の入学式は、桜花舞う四月八日、来賓各位のご臨席の下、二九八名の新入生を迎えて厳粛のうちに執り行われた。

私は式辞で、本校への入学に心から祝意を表すると共に、本校を第一志望で入学した人も、あるいは第二志望であった人も、今同じスタートラインに立っていることを意識して意義ある高校生活を送ろう、と呼び掛けた。殊に諸々の事情で本校に入学した人は、自分がそうなることになった経緯を省察し、これからの人生を価値あるものへと高めて貰いたいからである。価値の「値」も、偏の「人」と旁の「直」とで構成される。人が対象を真っ直ぐに見詰めてその価値を見極める意である。すべては、現在の自分を直視することから始まるのである。

また、保護者の方々には、今川義元の「むごい教育」について話をした。

義元は家来に、人質である幼い竹千代（後の徳川家康）に、むごい教育をせよ、と命ずる。家来たちは命ぜられるままに粗末な食事と、ほとんど休みのない武術鍛練との生活を強いる。後に義元がその結果を訊ねると、家来は、稽古のあまりのむごさに竹千代は足腰が立たないほどでございます、と報告する。すると義元は、それは、私の言うむごい教育ではない。私の命じたのは、朝から晩まで海の幸や山の幸を与え、寝たい時に寝たいだけ寝かせ、学問や武術が嫌だと言えば無理強いせず、何ごとも本人の好き勝手にさせることである。そのようにすれば大抵の人間は駄目になる。そうなれば家康が立派な武将となってわが国に攻めて来ることはない、と語ったという。優しそうな行為が、実はむごい教育に繋がってしまうという、危うい逸話である。

人は、成長の過程で多くの人や言葉に出会う。衝撃的な出会いもあれば静かな出会いもある。相手の個性に強く影響される場合もあれば、自らの個性が相手に影響を与える場合もある。

生徒諸君よ、心耳を澄まして、声なき声、音なき音を聴こう。人は幽《かそけ》きものに耳を欹《そばだ》てる時、真の優しさが生まれるのである。


（保善ニュース一八九号）

進路を通して考える

目から鼻へ抜ける、という慣用句がある。きわめて賢いこと、また、ぬけ目がなく敏捷なことの形容、と広辞苑にある。その謂れの一つに鎌倉時代の逸話がある。お坊さんが小僧を連れ、何軒かの檀家を回る際に、行く先々の布施の額を小僧が言い当てるので、驚いて事の由を訊ねると、家の構えを見、次いで流れてくる香の匂いで、その家の懐《ふところ》具合が分り、布施の額も推測できるという。先ず、目で見分け、次に鼻で嗅ぎ分け、そうして得た情報をもとに直ちに対応する。人間の知恵というものを面白く表したイディオムである。さて今、生徒諸君は各学年の指導により、真剣に進路について模索を重ねている時であろう。

本欄では、その進路について少々考えてみたい。

進路とは、諸君がこれまで進んできた路、今まさに進んでいる路、これから進む路をいうのであるから、それを、人生そのものとして捉えるなら、進路を考えることは、まさに自己の人生を考えることに他ならない。

翻って、花には咲く季節があるように、人間にも咲く季節がある。だが、花の開花期は予め分っているのに、人間の開花時はいつになるのか、咲いてみないと分らない点が厄介である。

それは、人間が理想と現実の間《はざま》でもがき苦しんで生きているからである。理想と現実とのズレに直面し、あれこれと悩み、自分を変えねばならない部分と変えてはならない部分とがあるのを意識した時、人は初めてこの世に生きるいうことの真の意味合いに目覚めることになる。

空間的に自分は今どこにいるのか、ということは比較的分り易いが、時間の流れの中のどこに自分がいるのか、ということになると、きちんと学ばなければならないのである。

そこで、われわれが進路指導で心していることは、個々の進路選択という微妙で複雑な問題を、複雑であるがゆえに、生徒に分り易く伝えることにある。

人は、自分の希望が叶った時ほど嬉しいものはない。しかし、世の中の圧倒的多数の人たちは、その辛さや悔しさに堪えつつ掴んだ感覚を支えに努力することによって、自分の本当に好きなものが分ってくるし、やりたいことが見えてくるのである。

目から鼻へ抜ける、という賢い敏捷性も当然必要であるが、私は、言葉を発する前の深い思考がもたらす、沈黙の世界の存在の大きさに心惹かれるのである。

そして私は、生徒諸君と共に人生考察を通じて目から鱗が落ちるような発見と感動の毎日でありたいと願っている。


（保善ニュース一九〇号）

真実を拾い上げる

卒業生諸君は、今、本校での学園生活にピリオドを打つに当たり、有形無形に関わらず、自分の将来に向けて、いかなる真実を拾い上げることができたであろうか。

私は、卒業文集『欅』に、「曲がり角の先には」と題する餞の言葉を贈った。小説『赤毛のアン』を翻訳した村岡花子の生涯を描いたＮＨＫの連続ドラマ『花子とアン』の冒頭の、「曲がり角の先には、きっと一番良いものが待っている」という一節を引いて、未来が明るい、などとは軽々しく言えない現代ではあるが、それでも私は諸君に、先が見えないからこそ、「希望を強く持て」と言いたい、と書いた。勉強も、仕事も、趣味も、生き甲斐も、今生きている延長線上に、必ず行き着く場所があるのだから、と。人は人生の苦しみや挫折の最中《さなか》を最悪期と呼んでいるが、後で振り返ると、その時が自分の本当の成長期であったことが分かる。理解とは、正にそういう時間の中の出来事であることに改めて気づかされるのである。

老荘思想に、「無用の用」という概念がある。一見、何の役にも立たないように見えるものが、実は大切な役割を果たしていることを言うのである。

例えば、器は土を捏《こ》ねて作るが、器としての働きをするのは、その空間部分である。物を作っても、形のある部分よりも、形のない空間の部分に用の意味があり、重要であるということになる。

同様に、美と醜、善と悪、難易、高低、長短、大小、軽重と、どれを取っても片一方では存在し得ないことを意味している。

卒業生諸君よ、並びに在校生諸君よ。「真実というものは『虚実混合』の中から拾い上げねばならないものである」とは、作家曽野綾子氏の名言である。人が生きるということは、眼前に存在する虚実混合の中から、自身の真実を拾い上げることにある。人のよく言う「なるようになる」とは、時流に流されて生きるというネガティブな意ではなく、「なると思ったものになる」という自分の理想の世界に近づくためのポジティブな生き方の謂いである。

明日のことを気安く語れない現代だからこそ、われわれは多くの様々な価値ある試行錯誤を経て、お互いに確かな未来の選択をしたいものである。

（保善ニュース一九一号）

心新たに

いつものように私は、各教室の授業状況を見て回り、七階の廊下の窓辺に佇つ。

眼前に高層ビル群、眼下には戸山公園の木々が薫風に揺れて趣を添えている。

さて、今年度で創立九十二周年を迎えた本校の入学式は、折悪しく肌寒い雨に名残りの花びらが舞う四月八日、来賓各位のご臨席の下、三〇一名の新入生を迎えて、厳粛に挙行された。

私は式辞で、本校への入学に心からの祝意を表すると共に、本日から高校生活、一千日のドラマの幕開けであることを宣言した。

時計が短針と長針とで時を刻むように、われわれも出会ったその瞬間から、成熟の人生への形創りが始まるのである。

今年度も多くの大学から入学祝いの花が贈られた。人々は昔ながらの習慣で、祝儀・不祝儀、晴れ事・忌み事の生老病死に関わる諸行事にはいつも花を添えてきた。人は、その美に心を洗われ、浄められて、心を整えてきたのである。

人としての活動に深く関わる事柄には歌も付きものである。多くのスポーツ観戦に応援歌が付きものであるように、田植歌のような作業する時の歌、また、子守唄、祭の囃子、音頭等、われわれは、これらの歌から生きる力を得てきた。入学式も校歌で締め括っている。

現代の人々は、科学技術の高度化による利便性や快適さの中で、不便なことや思うようにならないことに我慢が利かなくなっている。人々の心は快適さに慣れて、人間の成長に大切な我慢や自制心が薄弱になっているのを感じるのである。これは、現代の便利さが却って深く考えることや地道に努力する心を阻み、単に知識量を誇る利己的発想に偏した風潮にもなって学校教育に影を落としていると、私には感じられるのである。そういう時に、私に思い浮かぶのは、ノーベル平和賞受賞者マザー・テレサの、

思考に気をつけなさい、それはいつか言葉になるから。

言葉に気をつけなさい、それはいつか行動になるから。

行動に気をつけなさい、それはいつか習慣になるから。

習慣に気をつけなさい、それはいつか性格になるから。

性格に気をつけなさい、それはいつか運命になるから。


という言葉である。

私は、現在の「解なき社会」「答が複数ある社会」に、このマザー・テレサの言葉を踏まえつつ、生徒自身による課題の発見と解決に向けて、主体的・協働的に学べる環境を創ることが、本校の使命であると思っている。

（保善ニュース一九二号）

体育祭から思うこと

晴れた秋の底が抜けたような蒼空の下、一新した人工芝の校庭での初の体育祭が、大勢のギャラリーを迎えて盛大に挙行された。『彩～IRODORI～』と題した文化祭に引き続いての生徒達の祭典である。

応援席の私の目に先ず入ったのは、日ごろの静かな教室では見られない生徒達の精悍な表情である。お互いに全力で競い合う生徒達の姿に、私は心打たれた。

人への思いは各人各様であるが、その思いが言語として発声されて、それが力を得た時に、言葉は個人を超越して人間への讃歌となり、応援歌となる。

私は、優れた運動能力を遺憾なく発揮する生徒と同じように、不器用ではあるが一心に取り組む生徒にも心からエールを送った。

俳優の故高倉健に、「不器用ですから…」という名台詞がある。その彼が、ニンニクを育てる農夫の役を演じたテレビコマーシャルが記憶に新しい。「農薬を使わない。その分汗を流せばいい。この一年どれだけ頑張ったかは、取れたニンニクが教えてくれる」と。寡黙で、真面目で、不器用な男を演じて余りある名優である。

不器用という言葉は、本来は否定的な意味であるが、その中にある好意的なニュアンスがひとりの俳優の個性により活かされ、言葉が言霊としての偉力を授かった瞬間でもある。また昨今、松本人志なる芸人の「馬鹿が付くほど真面目」というコマーシャルにも印象深いものがある。

話を戻すと、長い距離を走る選手は、適度に力を抜いている。手を抜く、という言葉も否定的な意味に使われるが、そこには、プロとしての訓練を経験しないと身につかない社会的技能も隠されているのである。

高校生の俳句に、「報われぬ努力があると知った夏」というのがある。

努力は報われてほしいが、必ずしも報われるとは限らない。その非情な仕組みを知った時に、人はどう対応するかでその人の人生は決まるのである。大人になるとは、その壁を乗り越えることを意味する。苦しい時や辛い時に支えになるのは、自分で踠《もが》いて、その壁を乗り越えたという実感である。それをこの句は見事に暗示している。

私は、眼前を縦横無尽に走り回る生徒達を応援しながら、陸上競技に明け暮れた若い日を懐《おも》いつつ、年を重ねた今、失われたものから生まれる希望の灯を感じているのである。

若いうちにはできることがあるが、年を取ると分かることがある。「できること」と「分かること」の違いを、改めて私に想起させた体育祭である。

（保善ニュース一九三号）

寿ぎの日にあたって

今の時期のこの慌しさを、往ぬる一月、逃げる二月、去る三月と言い表している。さて、つい先日年越しをしたと思っていたのに、もう卒業式の弥生一日である。今年度も二四八名の卒業生諸君がめでたく学舎を巣立つことになった。

私は卒業記念文集『欅』に、一休禅師の作と言われる、

分け登る麓の道は多けれど同じ高嶺の月を見る哉

という道歌を記して餞とした。

私はそこに、「君たちが学んでいるあらゆることは、人生の山を登るための道標であり、

高嶺の月を仰ぎ見るための道筋である。その山道を登る行為の一つひとつは、早晩思い出という過去に変わるのであるが、その思い出は、人間として高嶺の月を仰ぎ見る未来に繋がっている、云々」と書いて、前途洋々たる卒業生諸君の門出を祝した。

人には、出会いの数だけ別れがある。そして、その送別の際に漂うもののありように、見送る側と送られる側の絆の強さが映し出されることになる。私は、見送られる人が、見送る人の心情を慮って、振り返る姿を垣間見ることがある。勿論、その気持ちを諒とした上で、私が心惹かれるのは、努めて振り返るまいと堪《こら》える人の背中にある。その無言の後ろ姿にこよなく惹かれるのである。私も、そのように背中で語れる教師でありたいと願っている。

この混沌とした社会へ羽ばたく卒業生諸君よ、並びに在校生諸君よ。何事もさせられると思うと辛くなる。しかし、進んで誰かのためにすると思えば、快い使命感や生き方が生まれるのである。そこに成熟した大人へと変貌を遂げる鍵がある。言うなれば、それは正義という言葉の意味と、それを実行する間には常に誤差が生じる、ということの確認から始まるのである。

例えば、「人間は平等だ」というのは、平等であることを目指す、という意味であって、個性も価値観も異なる人間同士の行動に、結果まで平等を保証するのは至難の業である。もし、平等を結果にまで求める人があるとすれば、それは稚拙な思考だと言わざるを得ない。

この寿ぐべき日に、同じ一休禅師の見事な自照歌を、もう一首贈ろう。

白露の己が姿はそのままに紅葉に置ける紅の露

白露はありのままの自分でありながら紅葉の上では紅の露に見える、の意である。川は川であるために流れ続けているし、人は人であるために生き続けている。私たちは、先入観にとらわれることなく、常に本質を見極める心眼を学びたいものである。

（保善ニュース一九四号）

逆境を糧に

五月の、爽やかな蒼空を鯉幟が悠然と風に翻っている。折からの薫風に舞っているその勇姿に、私は生徒達の希望が風に泳いでいるように感じたのである。

四月八日の入学式は、新入生三二八名と、それを遙かに上回る四一七名の保護者を迎えて、厳粛に執り行われた。

私は、式辞で、本日から新入生諸君の高校生活千日のドラマの幕開けである、と宣言し、加えて、四書五経『大学』の、「心ここにあらざれば、視えども見えず、聴けども聞こえず」という一節を引いて、眼前の物事の有り様を真摯に受け止められる人間になろう、と呼び掛けた。

三月一日、卒業式を無事に了えると、私はその感慨に耽る暇《いとま》もなく、沖縄への修学旅行に出発した。

自然の美しさと、今も悲惨な戦争の傷跡を伝えている沖縄は、人々に何を訴えかけるのか。私は、改めて、己れを空しうして同行しようと思ったのである。

果して、南城市糸数の避難壕「アブチラガマ」の真っ暗闇の中を、うら若き女子学生「ひめゆり学徒隊」の従軍した幻影の衝撃は、私に重苦しい沈黙を強いて、さらに、その壕を囲む一木一草が、ここで果てた人々に思われた。

時恰も、四月十六日未明、九州の熊本県を震源とするマグニチュード7・3の地震が発生した。深刻な被害を受けた東海大学農学部には、本校卒業の三名が在学しており、一時その安否が気遣われたが、全員無事との連絡に、安堵の胸を撫で下ろしたのである。
そこで、私は、詩人谷川俊太郎の「東日本大震災」の詩「言葉」の一節を思い浮かべた。

何もかも失って
言葉まで失ったが
言葉は壊れなかった
流されなかった
ひとりひとりの心の底で言葉は発芽する
瓦礫の下の大地から（略）

新入生諸君よ、並びに在校生諸君よ。私が諸君らに是非とも考えて貰いたいことは、諸君が今この時に生まれ合わせたことの意味合い、である。人は誰もが失敗するが、その失敗を次に活かす人は一流で、その失敗を他人のせいにして言い訳をする人は二流、その失敗にさえ気づかない人は三流だという。だから、われわれは失敗を怖れてはいけないのである。

かの鯉幟を見ながら、私は諸君に、大空から俯瞰する鳥の目と、地を這い細部に目を凝らす虫の目の双方の目をもって、これからの世界を飛翔してもらいたいと願っている。

（保善ニュース一九五号）

「さりげない」佳話

この夏、第三一回リオデジャネイロオリンピック・パラリンピックが開催され、わが国はもとより、世界中がこの四年に一度のスポーツの祭典に沸いた。各国を代表するアスリートたちの活躍には、人々の目を見張らせるものがあり、日本中の人々がメダルの獲得に一喜一憂したのである。

そこで思い出すのが斉藤淳一氏の五行歌、

百メートル
九秒台

一歩
三十分
どちらが凄い
（『五行歌秀歌集』）

である。私には一歩を三十分かけて歩く人がどのような人かは分からないが、歩くのに全身全霊を込める姿に感動する。苦しい時間があるからこそ新しい自分が生まれることを人々に伝えているからである。更に言うと、その姿に人間としての誇りを感じるのである。

一方、灼熱の地での熱き戦いも終わり、爽やかな秋の風に乗って、大隅良典東工大栄誉教授が「ノーベル医学生理学賞」を受賞、との朗報が入る。私には学術的なことは分からないが、細胞が自分自身の不要なタンパク質を分解し、再利用する「オートファジー（自食作用）」という仕組みを発見したことによる受賞で、これは癌の治療法開発にも期待されるという。

この二つのビッグニュースは、グローバル化の時代を意識させるに相応しいものであるが、実は私は、もっとささやかなものにも目を向けたいのである。例えば、三年前の東京五輪・パラリンピックの招致演説で広まった「お・も・て・な・し」の言葉である。私はこれが単にその誘致活動の手段に使われることを危惧していたが、それを見事に吹き払う佳話に出会ったのである。

それは、「忘れられないおもてなし」をテーマにして書かれた京都府内の女子高生の作品で、食物アレルギーの子どものために親がファミリーレストランに持参した弁当を、店員が温めて皿に盛りつけてくれていたという話である。私は、店員のこのさりげない心遣いに、思わず胸が熱くなるのを覚え、幸せはささやかなるをもって至上とす、の思いが過《よ》ぎった。自ら進んで損のできる人間の心の気高さは、五輪やノーベル賞にも増して、私の心を打つ。私はここで、上等の話ばかりを聴きたがる幼稚な優等生の話をしているのではない。誰もが係わる現実生活の中で、ささやかなことをたくさん聴き、そこから珠玉の言葉を見つけ出す人でありたい、と思うのである。

（保善ニュース一九六号）

挑戦する、源に

今年度、総勢二八七名の卒業生諸君が、本校をめでたく巣立つことになった。生徒会誌

『山吹』でも触れたように、今年度は、高校生にも選挙権が与えられ、直接国政に参加するという画期的な年となった。これは、一九四五年以来、約七〇年ぶりに選挙権を十八歳以上に引き下げるもので、六月十九日付けで施行されて、七月十日が参議院選挙の日となり、「十八歳と十九歳」の約二四〇万人の新たな有権者が誕生した。

そこで本校では、選挙日の迫る第三学年を対象に、選挙の意義と方法、高校生が陥り易い選挙違反の具体例等を示し、これらを基に、生徒たちが自ら考えて主体的に行動することの必要性をレクチャーした。

その際、同学年の同学級内に、選挙権を持つ者と持たない者とが混在することの戸惑いもあったが、選挙という民主主義の根幹をなす自立心の自覚を通じて、高校生が理想的な国作りを目指し、政治に直接参加する「主権者教育」が始動したことに、私は頗る意義深いものを感じている。愚かな民は愚かな代表者を選ぶという言葉を銘記したい。

時恰も、第45代米国大統領に実業家ドナルド・トランプ氏が「米国第一」主義を宣言して就任した。

グローバル・パワーの米国が、今後世界の人々と、どのように共生するのか。その動静を世界中が固唾を呑んで見守っている。

今年度に選挙権を取得した新卒業生諸君は、この緊迫の世界情勢の只中へと、いよいよ出航する。
その卒業式で、私は絵本作家永田萌さんの『ウソ泣き』という詩を披露した。

ウソ泣きしてたら
きみがトコトコやってきて
「ぼくがいるからだいじょうぶ」って言うものだから
かあさん
ウソ泣きが本泣きになちゃった。

私は、この母親の可笑しくも切ない不覚の涙に血の繋がりを思う。母の「ウソ泣き」に思わず駆け寄る幼な子も、自分一人の力で成長したかのごとくに突っ張る子も、同じわが子である。その折々に見せる違った顔が、わが子の成長した証しなのである。
卒業生諸君、並びに在校生諸君、人は何事にも挑戦する心を持たなければならないが、その意欲の源にはこの「母と子」に見る黙契がある。それは、友との深い絆であり、師弟愛であり、母校への懐旧の情でもある。人はこの黙契が安全基地となり、私たちの立ち向かう、新たな人生への挑戦を可能にする。

（保善ニュース一九七号）

新入生の門出を祝う

今年度の入学式は、例年通り四月八日、来賓各位の御臨席のもと、新入生三三三名とその保護者五〇二名を迎えて、厳粛のうちに執り行われた。

気象庁は三月二十一日、東京で桜（ソメイヨシノ）が開花したと発表。これは、二〇〇八年以来、実に九年ぶりの全国で最も早い開花宣言となった。私は、この一足早い花便りを喜ばしく思いつつも、入学式を桜花爛漫の景で迎えたいと願った。果たせるかな、本校周辺の桜木は見事に咲き続けて、この門出を祝福したのである。

劇作家で詩人でもある寺山修司に、

時計の針が
前にすすむと「時間」になります

後にすすむと「思い出」になります

という三行詩がある。

人間は、時間を自分の目で見ることはできないが、時計の針が確実に前に進むことで時間になり、その時間は瞬く間に人それぞれの思い出に変わる。

言葉の上では、過去・現在・未来と順序よく並ぶのであるが、実際は、過去の中に現在があり未来がある。また、現在の中に過去も未来も存在していることを考えると、全てが、茫洋としていて掴みにくい。だから人間は、それを必要に応じて区分し区分けして表現している。就中、「今、ここを生きる」私たちは、多くの人たちとの邂逅と別離とを繰り返しながら、偶然という名の必然の妙で繋がっているのである。

先日、国語の教科書に数多く登場する詩人の大岡信氏が他界した。氏の盟友で、同じく詩人の谷川俊太郎氏が、A新聞に、「大岡信を送る」と題して追悼詩を寄せている。

本当はヒトの言葉で君を送りたくない／砂浜に寄せては返す波音で
風にそよぐ木々の葉音で／君を送りたい

と。

私が「草木は光を浴びて育ち、人は言葉を浴びて育つ」という言葉に辿り着いたのも、この詩人たちとの言葉による出会いがあったからである。この世に存在するもの全てから真実を紡ぎ出そうとする詩人たちの、厳正で限りない言葉への探究を知ったからである。

時季は見る間に移ろい、今は折からの薫風に生徒らの笑顔が清々しい。そして私は、この詩人たちの豊かな世界にどっぷりと浸りながら、言葉を超えた清らな世界への憧憬が心に広がるのを感じる。大空をどんなに高く飛ぶ鳥であっても、想像力より高く飛ぶことはできないのである。

（保善ニュース一九八号）

本に恋する季節です！

開け放った窓辺から入る爽やかな風が廊下を伝い、今、秋であることを告げている。

いつものように私は、七階までの各教室の授業状況を見て回る。頃しもリノベーションが終了し、二学期の始業と同時に全面リニューアル・オープンしたばかりの図書室の前を通り掛かると、掲示板のポスターが私の目に飛び込んでくる。

本に
恋する
季節です！

との三行書きで感嘆符付き、しかも、恋の一文字が緋色で彩られている。ポスターの中央には、ハート型に堆く積まれた本に囲まれて、読書に耽る男女の高校生の姿がイラストされている。

私は、第七一回読書週間（十月二七日〜十一月九日）の、このポスターに触発されて本稿を起こした。わずか十文字足らずの中に「本・恋・季節」の三語を織り込みつつ、読書の本質に迫ろうとしているこのポスターに心惹かれたのである。

「読書の秋」という言葉が、あちこちから聞こえる季節になった。もちろん、読書は秋ばかりではない。真の読書好きは、春夏秋冬、その日その日のすべてが読書の時ということになるのであろう。中国では「読書三余」という言葉がある。読書に利用すべき三つの余暇、すなわち冬（年の余）と夜（日の余）と陰雨（時の余）の時、である。そうして「読書三到」という読書法では、眼と口と心とを十分働かせて熟読すれば、内容がよく理解できる、と説いている。

ここで、私の読書体験を少し振り返ってみよう。

一番多感といわれる年頃の私は、陸上競技に明け暮れる毎日で、「読書三到」なる姿勢とはほど遠く、いわんや、本の世界に広がる価値が無限であることなどには思いも及ばなかったのである。

時を経て、年を重ねた私に、今までの読書が与えた影響は計り知れないものがあった。その経験から得たことのひとつは、読書には確実に年齢がある、ということである。人生を生きる時期によって読書の方法も異なり、その年齢に相応しい読み方、つまり、十代でなければできない十代の読み方があることを理解したのである。

読書週間のポスターは、秋の深まりと共に私に読書への思いを改めて遡らせたばかりでなく、本との対話はもう一人の自己を発見し、そこから更に深い人間認識に繋がることを教えているのである。恋する若者のように、かのときめきは今も変わることはない。

（保善ニュース一九九号）

卒業を寿ぎて

今年度、総勢二九一名の卒業生諸君が、本校をめでたく巣立つことになった。私は卒業文集の『欅』に、「一期一会の心で」と題して餞の言葉を贈った。そこでも触れたのが、小林宗一句集『三人静』の、

小春日の影も手を振る別れかな

という句である。手を振って別れる人の足下の影もまた手を振っているとの句意で、自然界の取り合わせを冷静に見詰めている。私たちは、まだ物心がつかないうちから別れの際に手を振ることを教えられる。その慣習的行為には、また会えることが前提にある。だから、笑顔で手を振ることができるのである。

思い起こすと、卒業生諸君の入学した平成二十七年四月八日は、小雨降る花冷えの日であったが、式場は新入生を祝う方々の熱気に包まれていた。私は式辞で、「本日が高校生

活一千日のドラマの幕開けである。今、諸君は同じスタートラインに立ったことを意識せよ。その意識が言葉になり、その言葉が行動になり、その行動が習慣になり、更には、その習慣が諸君の運命をも決める性格づくりになる。人はその性格から、捨ててはならない大事なものを捨て、また拾ってはならない危険なものを拾うことにもなる。心して性格づくりに努めよう」と呼び掛けた。

保護者の方々に対しては、生徒の中には、高校生活は一生に一度しかない青春時代だから、親や教師や社会常識に囚われずに自由にエンジョイしたいという者がいる。そのような思いも尊重しなければならないが、同時に、一度だけの青春時代だからこそ、やりたくなくても、やらなければならないことがあることを忘れてはならない。未熟な自分に都合のよい解釈だけをして生きようとする危険性にも思いを致しつつ、学校と連携した家庭での教育を要請したことが、つい昨日のことのように思い出される。

卒業生諸君よ、並びに在校生諸君よ。この寿《ことほ》ぎの日に当たり、改めて私は問い掛けたい。「草木は光を浴びて育ち、人は言葉を浴びて育つ」という本校の教育実践から、未来の自分の為すべきことが、少しでも見えてきたであろうか、と。

結びに、大谷句仏の句を贈ろう。

もの足らぬ心地うれしき蕎麦湯かな

という句である。蕎麦は食べ終えたが、もう少し食したいと作者は思う。そこに、蕎麦の茹で汁にすぎない蕎麦湯を食することで心が落ち着いたとの謂である。

卒業生にも在校生にも、そして私にも、蕎麦湯に限らず、「足らぬ心」が「足る心」にもまさる瞬間を教える一句である。

（保善ニュース二〇〇号）

新学期に臨んで

風が、校庭の新緑を頻りに揺らしている。

今年の春は思いの外寒い日が続いたので、四月九日の入学式は桜花爛漫の景で迎えられるものと期待していたが、東京の開花は、その予想を遥かに超えて早かったのである。

例年であれば、この時季、戸山公園の古木桜と本校の若木桜とが通学路を覆うように舞い散る様は圧巻なのだが、今年は瞬く間に葉桜に趣を移し、新入生三〇七名とご来賓、並びに保護者各位を迎えたのである。

フランスの詩人ルイ・アラゴン（一八九七〜一九八二）に、

　　教えるとは、未来を共に語ること。
　　学ぶとは、胸に真実を刻むこと。

という言葉がある。私は、新学期に臨んでこの言葉を生徒諸君と共に噛み締めつ、この不確実性の時代を生きる本校の為《な》すべき使命を、改めて考えてみた。

本校は、「特別進学クラス」「大進選抜クラス」「大学進学クラス」の三コースからなり、それぞれに特色ある教育を実践している。

今号では、本校「特進部」が提唱実践している「総合的な学習の時間」の「未来考動塾」について触れる。それは、生徒が自ら考えて主体的に考（行）動することを目途に、一年次では「知の技法」、二年次では「知の深化」、三年次では「知の創造」と銘打って、知の本質に迫ろうとするものである。そこでは、正解を導き出すことのみを目的とするのではなく、いかに不確実性のものと向き合うか。その向き合い方を学ぶのである。

岩田由美氏句集の『雲なつかし』に、

忘れ来しところにありし冬帽子

という句がある。忘れた帽子を取りに戻ると、忘れた時のままに帽子があったという謂である。

生きとし生けるものすべてが過去に戻ることはできない。過去が変化して現在になっているからである。ところが、時の変化の流れに逆らうかのように帽子は忘れた時のままあったという。句作者の鋭敏な感受性が、この一瞬を言葉で切り取り、普遍的な知の世界へと私たちを誘《いざな》うのである。知の教育とは、知の本質を求め続けることの中にあると思うが、その実践には、しばしば論理を裏切るものがあることを、私たちは心に銘記せねばならない。

校庭の新緑が風に揺れている。人や物は動きながら、やがて朽ちていくのだとすれば、それらを動かす風は、時間とも置き換えることができよう。

生徒諸君よ。「理解」とは、時間の中の出来事であることを忘れてはなるまい。

（保善ニュース二〇一号）

「ユビキタス教育」について

校庭を律《りち》の風が吹きわたっている。それはまるで、今夏の酷暑や台風、地震などの大災害を忘れさせるかのようである。

新聞報道によると、鹿児島県トカラ列島ではこの五年の間に計十回、「五十年に一度の記録的な大雨」情報が出されたという。住民らの迅速な避難対応を願っての情報であろうが、その天候通りの情報が、やがては陳腐な表現に変化することに気づくのも時間の問題である。

そこで今回は、情報技術の進歩がもたらす学校教育への影響について少しく考えてみる。「ユビキタス」と称される教育がある。この用語はラテン語に由来した英語で、どこにでも存在する、という意である。辞書には「インターネットなどの情報ネットワークに、空間・時間を問わずアクセスが可能な環境や社会をいう語」（『大辞林』）とある。

今日、ＡＩ（人工知能）をはじめとするテクノロジーの進歩による利便性は、現代社会の歩みいく方向を大きく変えた。いつでもどこでも、瞬時に情報の収得が可能になったからである。学校教育でも、もはやこのＩＴ（情報技術）との協働を抜きにして教育の未来を語ることはできない。知りたいことをオンデマンドで瞬時に入手できる利便性を知ってしまったからである。

翻って、私が気がかりなのはこの利便性にある。

私たちは、インターネット上の検索サイトで知りたいことを瞬時に知る喜びを知ったのであるが、それは同時に知らない世界の存在も無限にあることを知ることになった。

評論家亀井勝一郎に、

学んで己れの無知を知る、これを学ぶという。

との名言がある。私はここに学ぶことの本質があると思う。

さらに、教育とＩＴとの課題についても触れたい。私たちが、知る知らぬという識閾《しきいき》を超えて、「自分が知らないキーワードに検索はかけられない」ことである。また、ＡＩは数式に翻訳できないことの処理はできない、という私の拙い知識の範囲で考えると、そこに人間のさらなる可能性を感じるのである。従って、人間が本来そなえ持っている、計り知れない豊かな感性を養成することにこそ、明日の教育の使命があると思うのである。

折しも、学びの庭をわたる律の風は、自分が学んだことの有用性や意味を、さらにそれを実感させる時間をも、広く深く、そして勁《つよ》く考えよ、とわれわれに語りかけているように思うのである。

（保善ニュース二〇二号）

完全燃焼　―一つ上の男を目指して―

これが、今年の保善祭のテーマ、と生徒会の役員から聞いた。ここで敢えて〈聞いた〉と書いたが、私がこの保善祭を他人事のように捉えているからではない。小学校では児童会、中学・高校では生徒会、大学や一般社会では自治会が、それぞれ自主的活動として尊重され、学校生活や社会生活の充実と向上とが図られている。本校でも、生徒会役員と保善祭実行委員会とが中心になって、生徒自身の手による保善祭がここに立派に構築され開催されることになった、という謂である。

心ここにあらざれば、視ゆれども見えず、聴こゆれども聞こえず、食らへども
その味知らず

という言葉が『大学』にある。もし、諸君の中に一人でもこの保善祭から心を遠ざけている人がいたら、〈いい思い出は一所懸命に取り組む中でしか生まれない〉という、行事の度に私が心がけている言葉をおくって奮起を促したい。そして、若者が若者らしく精魂込めて直向きに努力する姿は、衆目を集めることで一層の輝きを増すのである。

本当の「人生勉強」は、誰に強制されることなく、生涯にわたって、何事においても、その意味を問い続けて生きることにある。諸君が、この保善祭を通じてその姿勢を体得することを願っている。

〈『完全燃焼』一つ上の男を目指して〉男子校の保善らしい魂の込められたいいテーマである。

（平成一九年度保善祭）

CONNECT THE WORLD ～つながる人と人の絆～

本校では、来年平成二五年で創立90周年を迎えます。そこで、

『CONNECT THE WORLD ～つながる人と人の絆～』

を、本年度文化祭のメインタイトルと定めました。

近年の通信技術の進歩には目覚ましいものがあり、特に携帯電話やインターネットの登場は、「いつでも、どこでも、だれとでも」を謳い文句に、気軽に会話を交わしたり、意志の伝達を行ったりできるようになりました。

加えて、Twitter や Facebook といった新たなコンテンツが次々と生まれ、コミュニケーションの手段は、ますます簡便な機械的手段へと進化しています。

その一方で、生身の人間同士でコミュニケートしようとする意識は、日々薄れている傾向があるように感じられます。

そこで生徒会では、このような時代だからこそ、人と人との結びつきや繋がり合うことの大切さを、もう一度この保善祭を期にして考え、みんなで「絆」の意味合いを再考してみよう、という思いからこのテーマは定められた、とのことです。

「絆」は、「ほだし」とも読みますが、「きずな」によって時には、相手の情にほだされて身動きが取れなくなり、心や行動の自由が束縛されることもあります。そのことも心の片隅におきながら、生徒諸君とご来場の皆様とが「意義深い絆」で結ばれることを祈念し、私のご挨拶といたします。

（平成二四年度保善祭）

縁

公園の奥へ奥へと蝉しぐれ　　　榮司

戸山公園の蝉たちが頻りに鳴いています。この世の宿縁を愛惜するかのように、蝉は鳴き続けています。私の挨拶は、文化祭実行委員諸君の催し物にかける熱意に触発されての、自作の一句からはじめます。

本校は、本年で創立九〇周年を迎えました。そこで、保善祭実行委員会では、「今、あなたの隣にいる人は、この世界にいる多くの人々の中からめぐり逢えた一人のひとです。それは、奇縁、奇しきえにしでもあります。ここにめぐり逢えた喜びや素晴らしさを改めて実感してほしいとの思いから、今年度のテーマを『縁（えにし）』とし、メインタイトルを「『縁～めぐり逢うキセキ～』と定め」たとのことです。

このテーマに沿って実施される保善祭が、ご来校の皆様との素晴らしいめぐり逢いの場となることを、また、クラスやクラブの仲間が団結して催し物を作り上げることで、友愛の絆が一層深まることを期待しています。本校で出逢った人たちが、今を一緒に生きるという縁にも思いをめぐらす保善祭になることを祈念して、挨拶といたします。

（平成二五年度保善祭）

彩～IRODORI～

今年の保善祭のテーマは、

『彩～ＩＲＯＤＯＲＩ～』

と決まりました。

「彩り・彩る」の言葉には、「色を付ける・着色する・彩色、種々の色をあわせて飾る・潤色する、物事に変化を与えて、興趣を増す」などの使い方があります。

私はこのテーマから、

葛の花踏みしだかれて、色あたらし。この山道を行きし人あり　　釈迢空という歌を連想しました。

道にまで蔓がはびこる深山で、作者は踏み潰された葛の花を見つけて、その色の鮮やかさに驚嘆しているのです。これだけでも美を発見する作者の感覚の鋭敏さに驚かされますが、更に句読点を打つことによってより明快な歌の調べを生み出し、自分よりも先に、この険しい山道を分け行った人がいることに思いを馳せているのです。

踏みつけられた葛の花の、心に沁み透るイメージが、学問に向かう作者の孤高な精神を一層高いものにすると同時に、山の奥へと分け入る先行者に対する密かな連帯感のような気持ちも窺い知れ、私にはその精神が、生徒諸君の『保善祭』に寄せる並々ならぬ思いと重なったのです。

結びに、それぞれの団体が取り組む催し物を「色」に譬え、各団体の趣向を凝らした個性豊かな催し物で文化祭を彩り、それらが一つに纏まることで、より鮮やかさの増す文化祭にしたい、との実行委員会のメッセージを伝えて、挨拶とします。

（平成二七年度保善祭）

Puzzle ～新しい男子力のカタチ～

今年の保善祭のテーマは、

『Puzzle ～新しい男子力のカタチ～』

と決まりました。

近年、男女雇用機会均等法などの施行により、様々の分野に女性の社会進出が見られ、その活躍には目を見張るものがあります。それに着目してか、その現象を「女子力」という新語で表現するようにもなりました。

それに対して男性は、「草食系男子」などと揶揄的に表現され、「男らしさ」から少し離れつつある傾向があるようです。

そこで、生徒会と文化祭実行委員会では、今年度の文化祭のテーマを、「勇気、決断力、実行力」などに、繊細な美意識や古来からの文武両道の精神を加えて「男子力」と称し、改めて現代の「男らしさ」を見直す機会とするためにこのテーマを設定しました。「男らしさ」という名前のピースを組み合わせて、「男子力」というパズルを組み立て、ご来場の皆様ともども現代の「男らしさ」の意味を考える、というものです。

因みに、古来「大丈夫《だいじょうぶ》」という呼称があります。立派な男子のことをそう言います。それに対して女性は「女丈夫《じょじょうふ》」で、立派な女性のことを言います。本校の催し物を通し、時代に応じた「大丈夫と女丈夫」について再考し、両者がお互いを尊重する学びの場となることを期待します。

結びに、各団体が、テーマに沿って情熱を注いだ催し物が一本の大綱となって、所期の目標を達成することを祈念し、私の挨拶とします。


（平成二八年度保善祭）

奏和 ～SOWA～

本年の保善祭のテーマは、

『奏和 ～ＳＯＷＡ～』

と決定いたしました。

『奏和』は、「総和・調和」とを掛けた生徒たちの造語で、保善生と来校された皆様方とが、保善祭に「調和して一つになる」ことを目的としています。「奏」には「奏でる・音色」、「和」には「和む・日本・日本的」という意味がありますので、これを材として企画いたしました。

このテーマは、委員会で何度も話し合って、「一つにまとまる＝総てが和」という意味合いを模索して紡ぎ出したものです。

3年後の2020年には、「東京オリンピック・パラリンピック」が開催されます。日本が全世界の注目を集めている今、保善生にも来校された皆様にも、改めて「日本らしさ」を意識して頂きたいという思いが込められています。

私は、生徒諸君に、この保善祭を通じて、自らが考えて行動する「しなやかな知性」と、美しいものを美しいと感じられる「豊かな感性」とを養成しつつ、「日本らしさ」について考えてもらいたいと思っています。人は、何時《いつ》でも何処からでも、また誰からでも、自分が学ぼうとする姿勢ひとつで自己啓発ができますので、一層の期待をもって生徒たちの活動を見守りたいと思います。

結びに、生徒諸君がテーマに沿って全力を挙げて取り組み、ご参加の皆様と一つになって、所期の目的が達成されますことを祈念し、挨拶とします。

（平成二九年度保善祭）

百花繚乱 ～さらなるその先へ～

今年の保善祭のテーマは、

『百花繚乱 ～さらなるその先へ～』

となった。

来年の五月、平成という一つの時代に幕が引かれようとしている。それは当然、新時代の幕開けを意味している。

そこで、保善祭執行部は、この時代の結びに相応しい華やかなテーマで文化祭を開催したいとの思いから、『百花繚乱』という言葉に辿り着いたのである。

そこには、「さまざまな花が咲き乱れる」という意味から、「秀でた人物が多く出て、優れた業績が一気に出る」との意味、さらには「異なるものが合わさり、なにか大きなものになる」との意味を包含したのだという。

文化祭という一大イベントを通じて、生徒一人ひとりの異なる才能をお互いに尊重し合う心と、より確かな知性と豊かな感性の養成を目途にして、このテーマは設定されている。

また、副題の、「さらなるその先へ」は、未来を見据えて飛翔する、長く続くものは変化を内在しているとの意味合いをもっている。

私は、この保善祭を通じて生徒諸君に、自らが考えて行動することの悦びと、仲間と協働して成功させることの喜びを心底から味わって貰いたい、と願うこと切である。

（平成三〇年度保善祭）

第6章　保善高校と私

授業風景

時々刻々

眼前を一人の生徒が制服のズボンをずり下げて歩いている。折しも、JR山手線の中吊り広告の一文、「馬鹿が頭（ず）にのりゃ、ズボンはずり下がる」というのにお目にかかったばかりなので、思わず苦笑してしまった。

日本人は、古来形を重んじてきた民族で、「形（かた）無し」という言葉が、面目がつぶれることを意味するように、形のないことを嫌ってきたのである。人間は自然に形という美に惹かれる。だからこそ、そこから崩れようとする美もまた生まれることにもなるのだ。

草田男の句に、

咲き切って薔薇の容《かたち》を超えけるも

というのがある。咲き極まった薔薇の花びらが、次の瞬間にはもう別の新たな趣の花となり、やがて散華する。生命あるものの時々刻々変化する様、一つの容としては測り切れない薔薇の秩序を超えて生まれた新しい花への驚きが、この句の眼目と言えよう。改めて容というものの神秘性に思いを馳せてみる。

それにつけても、心身の形が整わない成長期にある高校生を、このような崩れた服装に走らせてしまう深層心理とはどのようなものなのか、いささか気になるものがある。「心は形を求め、形は心をすすめる」の謂のように、心をすすめるため形をどのように創造してゆくのか。高校教育という枠組みの中で、熟考を強いられる毎日である。

（保善ニュース一二七号）

映画「鉄道員（ぽっぽや）」

久し振りに映画の試写を見る。浅田次郎原作の『鉄道員（ぽっぽや）』である。高倉健主演の、鉄道員一筋に生きた男の物語である。

主人公の乙松は、寡黙で仕事一筋の男。生後間もない一人娘を亡くした時も、妻に先立たれたその日にも、吹雪く厳寒のホームに立って、既にほとんど客も無くなってしまった一両だけの朱塗りのディーゼル車を待ち、また送りだす。

男は定年を前に、鉄道員という天職にも通ずる仕事を通して、己の人生を、時節を生きることの意味を、頑なまでに問い続ける。そのひたむきに生きる姿勢は、小林稔侍扮する真友仙次の息子へと引き継がれてゆく。繋がるべきものだけが、繋がるべき人へと静かに繋がってゆくのである。

先日、二年生は歌舞伎を、三年生は能楽を、それぞれ鑑賞し、伝統芸能のもつ様式美を堪能する機会を得た。特に能の仕舞は、一つの面を通じて、悲しみ、苛立ち、憤りといった全ての感情を表現する。内容が外形を支配する、形が形を超える微妙な一瞬間。己を極限まで虚心にして没入する美の世界。派手なパフォーマンスと自己喧伝が横行闊歩する現代に、この映画は、愚直でひたむきに生きるしかすべを持たない男と、主演者の生き方とが交錯し、哀しいまでに哀感がその表情に漂う。

一途な男の生き様がいぶし銀のように光り、まさに能の世界を垣間見る思いであった。貫く者の強さとはかなさが、実に美しいと思った。

（保善ニュース一三五号）

新と新

木々の緑がひときわ濃く鮮やかに感じられる昨今、三二七名の新入生諸君も漸く本校の生活に慣れてきたと看取されます。

その生徒達を迎えた本校では、今年度から新しい教育の試みが開始されています。平成十四年度から実施される公立校の完全学校週五日制に先駆けて、本校の総力を結集し、徹底した指導法の工夫によって、独自の週授業五日制の導入に踏み切りました。土曜日は、教職員の献身的な努力により土曜講座を開講、「進学講座・補習講座・資格取得講座・趣味教養講座」と、その内容も多彩で、六月末に完成予定の七階建て新教室棟での授業開始と相俟って大きな期待が寄せられています。「新」たな出発に居ずまいを正し、心が引き締まる思いです。

ところで、その「新」という文字ですが、朝日新聞の「しん」をよく見ると「新」ではなくて、「新」になっています。ふつう「新」は「立」に「木」ですが、この場合は「辛」に「木」です。「辛」は辛抱の「辛」で、「木」は「大木」を意味します。「斤」は「斧」

ですから、「新」とは、斧で一本の大木を艱難辛苦して伐り出し、新しく角材をつくる意をもって生まれた文字のようです。

今なお社名に、その文字を使う新聞社の思惑もさることながら、本校も八十年の伝統に重ねて、新たな伝統への構築が成されようとしています。新学期に当たり、この「新」の意味を咀嚼し、真に変革への道を進みたいと強く願っています。（保善ニュース一四二号）

恩送り

校訓といえば学校によって様々なものがある。

因みに私の母校は「高きを仰ぎ最善を尽くす」であったが、本校では、「実学尊重・報本反始・剛健質実・初志貫徹」の四項から成る。我が校の教育を支えてきた四本柱である。これらの言葉はシンボルとして校舎の外壁を飾り、日常の教育活動に具現化されている。

この建学の精神の一つである「報本反始」は、出典は中国の古典『礼記』で、その本義は、「物事の始めに思い及ぼして、その本源に感謝し報いる」ということである。この精神を平易に言えば、「本《もと》を考えて感謝しよう」ということになる。これは東洋思想の根源である「感謝の原理」でもある、と『保善六十年史』に記載されている。

敷衍すれば、我が国でも江戸時代には、「恩送り」という言葉が日常的にあった。人から受けた恩を、その人に直接返すのではなく、他の人に送る、その送られた人が更に他の人に渡す、次から次へと「恩が送られる」ということである。これは「恩返し」より、差し迫った感じがなくて好もしい。いわゆる陰徳が積まれる積善の世となるのであり、「保善」の校名由来の一つでもある。

生徒諸君は、時にこういった校訓の文言を古くさく感じることがあるかもしれないが、問題は創成した時代の考え方に拘泥せず、文言の意の捉え方にあるのではないか。感謝の心が恩送りになり、「高きを仰ぎ」つつも、「足下に泉あり」の俚諺に思いをいたして、各自の足下にはそれぞれに滾々と湧く泉のあることに気付く、そんな高校生活でありたい。

（保善ニュース一四六号）

距離の破壊

新生成った校舎から戸山公園を俯瞰する。一面新緑の世界である。この眼前に広がる世界は、時空の連続体であり、切れ目というものは一切ない。そういう連続体の中で、物事を解釈するということは、文章に句読点を打つように、連続する意識に切れを入れる、ということで整理整頓されて、初めて可能になる。

さて、本校もここに創立八十周年の節目を迎えた。一口に八十年というが、時代は目まぐるしく変化した。本校の創立当時、東海道線の東京大阪間は十数時間を要し、七、八時間に縮めるまで何十年も掛かったが、今では、三時間足らずで走る。飛行機なら更に早く着く。その一方で、北海道へ飛ぶよりも近距離の成田空港まで行くほうが遙かに時間を要することにもなっている。

科学技術の発達は地球をますます小さくしつつある。アメリカの宇宙バス計画が完成すると、ヒューストン東京間が僅か二十九分になる、と言われる。国と国とはいよいよ近くなり、イデオロギーも文化も異なる民族が共存せざるを得なくなる。そんな二十世紀の特徴を、イギリスの歴史学者トインビーは、「距離の破壊」と呼び、人類は時空を超えて成り立っていくことを示唆する。

神田錦町からこの戸山が原校舎までの八十年の歴史を経た、この記念すべき年を、単なる時間の節目として終わらせてはならない。時空の在り方を見据えた、本校独自の教育体系として構築せねばならないのである。

（保善ニュース一五〇号）

季が動く

俳句で、他の季語を入れても句が成立する場合を、「季が動く」といい、その動きが他の季節にまで及ぶ場合を「季が移る」という。新入生諸君は、高校時代という人生の一通過点を、「スポーツの保善」という伝統の上に「勉学の保善」が台頭する、まさに季が移るの様相を呈する本校で共に学ぶのである。

その前途には、人知では到底計り得ない出来事が待ち受けているに違いない。荀子の言う、「不登高山、不知天之高也。不臨深谿、不知地之厚也。」、つまり「高い山に登ることで天の高さを、深い谷に臨むことで大地の厚さを知る」ように、その一つひとつを実践することで、心を高める、身を鍛える、という両道をしっかりと歩んでもらいたい。

歩くのは足の役目で、見るのは目の役目だと、それぞれ役割は決まっていても、足は目のために、目は足のために働いているのではないことを理解することができるか。また、一見なんでもないもののように思える水や空気が、実は最も大切なものであることに気付くことができるか。ゴッホもベートーヴェンも、石器時代に生まれたら石器人でしかなかったことにも、思いを馳せることが大切ではあるまいか。

人の成長にある種の苦痛が伴うのは自明の理だが、生徒諸君がより輝ける人生を歩むために、学校として何ができるのか、私は、身の引き締まる思いで、その大役にあることを省みるのである。

（保善ニュース一五四号）

花信風にいざなわれて

花信風にいざなわれた今年の桜は、本校の入学式に季を合わせたかのように遅咲きで、希望に満ちた新入生三三〇名の上に一斉に咲き誇っていたが、今や学校は全周、新緑に包まれている。

さて、ルソーは、『エミール』の中で、「私たちは、いわば、二回この世に生まれる。一回目は存在するために、二回目は生きるために」と記している。生徒諸君も、単に存在するだけであるならば、その目的は優に果たされたものといえる。問題は二回目の、自らの意志をもって、己の存在の意味を問う、つまり、自覚して生きることになると、これからの高校生活の在り方に係っているのである。

生徒諸君は、よく「人生に一度しかない高校生時代だから、好きなことをやりたい」と言う。それも大切であるが、一度しかない青春時代だからこそ、やりたくないこともやっておかなければならないとも銘記すべきである。なぜならば、苦痛の伴わない成長などあり得ないからである。要は、未熟な己に都合よい解釈だけで生きようとする生き方は避けなければならないということだ。

寺山修司は〈時計の針が／前にすすむと「時間」になります／後にすすむと「思い出」になります〉とその詩で語っている。

時間は瞬く間に思い出に変わる。従って、日々生きてゆくことから生きることの真の意味を学び取るしか術はないのである。そして、時として経験しなければならなかった苦痛が、成長のための苦痛であったと知り、それが、やがて輝ける思い出に転ずることを信じて、共に学んでいきたいものである。

（保善ニュース一五八号）

今を精一杯生きる

この季節になると決まって思い出す俳句に、

白藤や揺りやみしかばうすみどり　　芝不器男

がある。白藤の花房が風に揺れて、輝くばかりに白く見えたが、揺れやんだら薄緑を帯びていた、という句意である。動から静への変化を確かな詩眼が捉える。美を発見した瞬間に言葉が見事に対応し、白藤の美しさを鮮明に伝える写生句である。

春爛漫、今年も三五〇名の新入生が希望に燃えて本校の門を潜った。校舎から、今、新たに整備された戸山公園を俯瞰する。樹木がさまざまな形で彩りをなして屹立している。生徒一人ひとりの顔は、この新緑のように生気に満ち満ちている。

中国の風景論に、

行ってみたい風景

遊んでみたい風景
住んでみたい風景
そこで、死んでもいいと思う風景

の四種類がある。憧れるだけの風景から、そこでなら死んでもいいと満足できる風景に辿り着くまでには、いかなる生き方をしたらいいのだろうか。

生徒諸君は今、この保善高校に、生きることの意味を求めて会したのである。学校で学ぼうとする者の最終目的は、自己が自己を育てることにある。自己を育てるということは、その場その場で自分が決断したそのものを実践すること以外では成し得ない。自分が精一杯生きればこそ、精一杯鳴いている小鳥の囀りも、可憐に咲く野辺の花にも心を傾けることができる。今を精一杯生きる、という凝縮された世界をお互いが共有し、感動溢れる学校生活にならんことを願う。

今まさに自分探しの旅が、始まったのである。

（保善ニュース一六二号）

天空にそそり立つ、欅

いよいよ多くの方に祝福されて卒業式を迎える諸君、おめでとう。瞬く間に三度《たび》めぐった春夏秋冬。因みに、春は万物を発して去り。夏はこれを成長させて去り、秋はこれを成熟させて去り、冬はこれを収蔵させて去る。まさしく季節は順序よく移り変わって、おのおのがその功を成し遂げ、去ってゆく。

諸君の功や、いかに。

このコラム名の「けやき」は、校歌に〈嵐に立つや欅の木〉と歌われている校木である。校庭の欅も今は裸木にして天空にそそり立ち、冬の大地にしっかりと根を張って、木末《こぬれ》が風に揺れて凛々しい。

卒業生二万四一三二本からなる欅林に、新たに二六四本が加わる。欅の木立ちよ、大空高く聳えよ。

さて、私事で恐縮だが、先日小学校時代の恩師から『ゆづり葉』（地表叢書・関口てい）という香気溢れる歌集を頂いた。故郷に久闊《きゅうかつ》を叙する思いで繙くと、

長官とふ重職にある教え子の「憲ちゃん」と呼ばれクラス会和む

という一首が目に止まった。「憲ちゃん」とは、つい先頃まで海上保安庁長官を勤めた深谷憲一氏のことである。

どういう立場にあっても、「～ちゃん」と呼び合える同級生であることの意味を改めて実感したのである。

それにつけても、われわれの人生は、その瞬間瞬間に出会えた多くの人たちに導かれ影響されてあることに気づかされる。出会おうとしても出会えないし、避けようとしても避けられない人生の邂逅について、卒業という節目を機に、考えたいものである。

（保善ニュース一六五号）

ご縁という繋がりの妙

人は時間を測り、時間は人を計る、という諺がイタリアにあります。私はこの言葉に出会って、人と時間の関係に神妙な感慨を覚えます。

私と立正大学とのご縁は、地元の国立大学工学部の受験に失敗したことを機に、高校時代に影響を受けました恩師本学国漢科（旧制）出身望月新吉先生が、立正大学への進学を勧めてくださったことと、前橋の実家から通学可能な利便性などを勘案して、熊谷キャンパスの第一期生になったことに始まります。

人はバスの停留所を一つ降り間違えたために新たな人生がある、と申しますが、学部、大学院時代を通じて師に恵まれました。学士、修士両論文のご指導を賜りました近世文学の泰斗小池藤五郎先生、読売文学賞受賞の詩人浅野晃先生、そして、人間としての生き方を公私に亘りご教導頂きました白井忠功先生、山下正治先生には深く感謝致しております。

学部を了えて私は、大学院で学びながら、現在勤務する保善高等学校国語科の非常勤講師に採用され、修士課程修了と同時に教諭となり、教頭職八年を経て、校長職十年の節目に入ろうとしています。

当学会発行の、『國語國文』第八号に、「國文学者としての喜びと悲哀」と題した小池藤五郎先生の玉稿が寄せられています。『壇の浦夜合戦記』（作者不明）の出版にあたり、それが文芸書か猥褻書かの裁判で、先生が学識経験者として証言された時に、私もご一緒したことが書かれており、つい昨日のことのように懐かしく思い出されます。

また、岡田袈裟男学会長には、ご多忙中にも拘わらず、私の勤務校まで足を運んで頂き、私に、当学会で講演する機会を、本学の助手から埼玉大学の教員になられた飯泉健司先生には、同教育学部指導講師の機会を頂きました。また、現在、本学の教壇にも立っている私の教え子谷山俊英君にも強い絆を感じています。更に、お世話になった先生方、ご縁の深い先輩、同級生、後進の方々のお名前を挙げますと枚挙に遑《いとま》がないことを改めて実感致します。

今後とも母校とのご縁を大切にして、慈悲の心と諦観の思想とを学び続けたいものと願っております。


（立正大学『学会通信』六号）

一期一会

谷山俊英

公立高校の教員になって、三十年以上の月日が過ぎました。その間、教育現場を取り巻く環境は目まぐるしく変化し、昨今は、生徒と向き合う大切な時間よりも、学校運営業務や煩瑣な書類作成に時間を費やすことが増えてきました。一人の教師として、残された時間で何ができるのか、何をなすべきかを考える毎日です。「流れる水のごとく、世の中の変化に柔軟に対応できる心をもった生き方をせよ」と教えてくださった高校の恩師（保善高等学校校長関口榮司先生）の言葉を、今こそ自らの脆弱な心に言い聞かせる時なのかもしれません。

立正大学で出会った先生方は、学問を通して私の考え方や生き方に大きな影響を与えてくださいました。また、同じ時間《とき》を過ごした国文学科の仲間からも大いに刺激を受け、物事を多角的に見ることの大切さや難しさなどを学びました。その意味では、立正大学で過ごした日々が、現在の私の生きる姿勢に繋がっていると言っても過言ではないでしょう。教員になってからも細々と続けてきた研究活動は、ここ数年で、ようやく一つの方向性を得てきたように感じます。

縁あって本学の国語国文学会の運営に携わり、更には、高等学校との兼任で文学部の非常勤講師として教壇に立つ機会を与えていただいていることを考えると、私の学問や教員生活の根幹に、「立正大学での出会い」「立正大学との出会い」があることは間違いありません。そこには、まさしく「一期一会」の出会いがあったわけです。

社会に出ると、大学と疎遠になってしまう人が少なくありません。しかし、大学が、自分の生き方の土台を構築する場であったことを思う時、大学での一期一会、大学との一期一会を今一度見つめ直してみることも大切なのではないかと考える今日この頃です。

（立正大学『学会通信』七号）

（都立松原高等学校主任教諭・立正大学非常勤講師）

学校案内

すべての教育は「模倣に始まり、創造で終わる」と言われます。「誰からでも、何からでも」学べる、先生や先輩からはもちろんのこと、後輩からでも、あるいは路傍の石ころからでも学べる、そういう人物を育成することが、私たち保善高等学校全教職員の願いなのです。

相田みつを氏の詩に、

美しいものを／美しいと思う
あなたの心が／美しい

という一篇があります。

私は諸君に、この詩のように、「美しいものを美しいと思える」豊かな感性を育ててもらいたいのです。知識はいくら蓄えても直接人間の行動には繋がらないのです。行動に繋がるのは、やはり意識です。意識が、人生をよりよく生きるための行動を生み出すのです。そして、その意識をつくり出す源泉に、知識があるのは自明の理です。いま諸君が懸命に学び、身につけようとしている知識の重要性もそこにあるのです。それを本校で修得してもらいたいのです。自らの価値は自らが高める、という本校の学びの原点がそこにあると思うからです。

受験生諸君、一度の貴重な人生を、かけがえのない青春の一ページを、自己の内部から沸き上がるエネルギーを、本校で精いっぱい燃焼させてみませんか。生徒と教師とが共に、それぞれの自己実現という目的の達成に向かって、あらん限りの持てる情熱を注ぎ合いましょう。

〈気づき、感動し、行動する〉あなたを、全校を挙げて待っています。

（平成二二年）

保善高等学校八〇年史（結びに）

本校創立の由来とその建学の精神から始まった『保善高等学校八〇年史』も、新たに平成十六年度の創立記念日までの記事を加えて、いよいよ結びの運びになった。

ここで、本校の創立者とその周辺の方々が閲した時代を少し遡ってみると、戦国の時代から幕末に至るまでの日本人、特にその時その時代を支えた人達は、人間というものは「いかに生きるべきか、どう行動すれば美しく生きられるのか」ということに腐心したといわれる。特に文化・文政以来の教養主義的な時代には、それが学問として現われたのであって、現代のように「どうやって成功するか」、という功利主義が先行している時代とは質的に異なっていたようである。

さらに、幕末から維新を経た明治という新しい時代に入って、各人が専門家としていかに美しく生き続けるかということではなく、どういう目的を達成させるために自己の生き方を奉仕させればいいのか、という合目的な生き方を求めたことが窺われる。本校建学の精神の第一の柱「実学尊重」平易に言えば社会に役立つ人間になろうという目標を持った本校の教育は、実は、この、時代の変化を鋭敏に感じ取った創始者の先見性によって生まれたものといえる。

従って、本校は、今もそのような創立当時の教育理念に則り、実社会に出て役立つ人材を養成するために日々努力を重ねてきていることに変わりはない。時代はさらに複雑に変貌を遂げ、時々刻々と変化する情報化社会で、実社会で役に立つ人間についての考え方も大きく変わってきている。それぞれの時代の流れの微妙な変化を確実に捉えて、本校が新しい時代のどのようなニーズに応えられる学校として存在するのか、ということに視点を定めると、たやすくは未来への展望は描きにくい時代である。それでも、本校本来の方向性を見失うことなく、新たな発展に向かって着実な歩みを進めたいとの思いから、本史は編まれたものである。

創立八〇周年記念の節目にあたり、このような目標を掲げての『八〇年史』刊行は、誠に慶賀極まりないことではあるが、時あたかもわが国は少子化時代に突入、就学人口の急減に伴う入学者数の減少は、学納金や補助金、寄付金を基に運営されている私学にとって、財政的な打撃を受けるのは必至で、当然、本校の教育現場にも大きな影響を及ぼすことになる。本校の誇らしい歴史を護り、さらに発展させるべき時期にあって、このような財政的困難な事態に立ち至ったことは、本校が新たな局面に立たされたことになる。従って、過去の歴史は歴史として記憶に留め、本史の発刊を機に、学校関係者が一丸となり、今まで以上に強い自覚と新たな決意とをもって学校運営に臨まなければ、大いなる飛躍は期待できないのである。

ただ、幸いにして本校には、教育という職務に情熱を注ぐ教職員が揃っている。いついかなる時にも可能性を信じ、常に前向きに生きることをモットーにしている教職員の姿勢こそ保善スピリットの体現であり、建学の精神の柱の、第二「報本反始」、第三「剛健質実」、第四「初志貫徹」に繋がる精神の源泉そのものである。

今後、本校は、さらに微妙に、しかもダイナミックに変化を重ねてゆくであろう社会に向かって何を発信し続けるのか、という、まさに見識ある内実が問われることになる。

平成一七年度の入学試験の国語の問題は、臨床心理学者の河合隼雄氏の『ココロの止まり木』から出題された。要約すると、「何か事を為すには、身体のエネルギーと心のエネルギーがいる。両方とも使えば減ることになる、というのが一般的な解釈であるが、心のエネルギーの方は上手に使えば、ある意味では増えるようなところがある。例えば、看護師が患者に対して献身的な看護活動の努力が実り、患者から感謝の気持ちが伝えられる。それが自分の心に届いた時には、心のエネルギーの循環がよくなり、心のエネルギーを患者から与えられることになる」となる。つまり、与えることと与えられることとが的確に働き、時には消費したエネルギーよりも、自分に与えられるエネルギーの方が遥かに多いと感じることさえあるのである。

ところが、河合が同書でいうところの「カタイ人」、いわゆる生真面目な人は、「自分が人のために役立つのだ、ということのみに心を奪われ、せっかく相手から伝えられてくる心のエネルギーを受け止め損ねてしまい、自分のエネルギーを消費するのみに陥って燃え尽きてしまうことになる」のである。河合の示唆に富んだ文章は、図らずも本校が受験生や社会に向けて発信した問題提起でもあり、一つのメッセージでもあった。

これは、あらゆることについていえる大切なことで、本校の教育活動においても例外ではない。生徒や保護者が心底から心のエネルギーを求めて学校や教師に訴えているのに、それを受け止め損なって、ただ教え、与えることのみに専心していると、やがて学校や教師は教育疲労で燃え尽きてしまうことにもなりかねないのである。従って、学校全体が心のエネルギーの循環に気づき、それを賢く採り入れる術を学び、次世代に引き継げるように精進を重ねていきたいと願っている。

在校生はもちろんのこと、世界中で活躍している卒業生及び本校関係者の方々に連なる幾筋もの道は、『保善高等学校八〇年史』の名のもとに束となり、確かな一筋の道と成る。そうして保善の歴史は、『一〇〇年史』に向かって新たな歩みを始めるのである。

保善高等学校八〇年史（編集後記）

本校創立八〇周年記念事業の一環として計画された『保善高等学校八〇年史』が、多くの方々のご尽力のもと、ここに発刊の運びとなりました。

平成一二年四月の「年史編纂委員会」実務担当者の初会合から、五年有余の歳月を経て、ようやくここに上梓することができました。本書は、本校が真摯に取り組んで参りました教育活動八〇年の歴史を年次を逐って記録したものです。

特にこの年史を編むにあたって、われわれが心掛けたことは、単に学校の記録に止まってはならない、事実の羅列では真の校史とはいえない、ということです。

言うなれば、校史が次世代の創造性に繋がるものでなければならない、記録、記憶が現在の思いを未来に押し出す力、つまりエネルギーの源泉にならなければ校史を編纂する意味を持たない、との決意からこの年史は編まれたのであります。

そういった遠大な編集方針のもとに取り組みを始めた本史でありましたが、編纂の前に立ちはだかったのは、日常の業務の多忙さでした。さらに、既刊の『六〇年史』の取り扱いをどのようにするかという話し合いや、「保善ニュース」「校務日誌」「職員会議議事録」「生徒会誌」「法人の記録」等々の資料整理にも膨大な時間を費やしました。

　内容には、記録の持つ確かさもあれば、記録された状況下の曖昧性が生む不確かさもあります。また一見不確かに思える人間の記憶が、実は記録の曖昧性よりも遥かに正確さを有している場合もあり、校史編纂の難しさを痛感した次第であります。

　ともあれ、保善八〇年の歴史を書き留めるにあたり、時空は厳然とした連続体であり、過去―現在―未来に断絶はないということを感じさせられました。そういう連続体の中で、物事を解釈するということは文章に句読点を打つように、連続する意識に切れ目を入れ、整理整頓して初めて可能になるものだと改めて認識したのであります。

　このような編集作業を通して得た経験と知識は、『保善高等学校一〇〇年史』に向けた第一歩となり、本校の新たな教育の模索に繋がるものと確信します。

　本史が、唯々として先輩の偉業を引き継ぐばかりでなく、特色をもった私学として更なる発展に繋がる礎となる、とお考え頂ければ幸いであります。

　編纂に際し、玉稿を賜った方々はもちろんのこと、多くの皆様からご支援を頂きました。ここにその一つひとつを挙げて御礼申し上げるべきところですが、本書の刊行をもって、ご協力を賜りました関係各位に衷心より感謝の意を表する次第です。別ても、本庄誠元教頭先生には、ご多端な身でありながら、献身的なご指導を賜りました。心から敬意を表し、御礼申し上げます。また、片山聖英教諭の、編集全般に関わる進行の主務に携わった労を多とし、その軌に併せた出版社「ぎょうせい」白川治央氏の、全期間の緊密な連繫、円滑な事務処理のご尽力に感謝します。

創立八〇周年記念事業・校舎改築竣工祝賀会の「閉会の辞」でも申し上げましたが、俳聖松尾芭蕉に、

さまざまの事おもひ出す桜かな

という句があります。いついかなる時も湧水のごとく思い出して頂ける「保善高等学校」であり続けたい、と祈念して筆を擱きます。

（『保善高等学校八十年史』編集委員長）

本校創立九〇周年記念式典式辞

本日ここに、本校創立九〇周年を記念して式典を催しましたところ、東京私立中学高等学校協会会長近藤彰郎先生、日本私立中学高等学校連合会会長吉田晋先生をはじめ、協会の部署を代表する先生方、また本校の校医であります社会保険中央総合病院院長の万代恭嗣先生、さらに近隣の駅の各駅長様など、日頃お世話になっております多数のご来賓、並びに本校関係者各位のご臨席を賜りましたことは、わが保善高等学校にとりましてこの上のない光栄であり、わが校に寄せられましたご厚情に対し、生徒教職員を代表いたしまして深く感謝と御礼を申し上げる次第であります。

また、本日の式典には、生徒教職員が心をひとつにして祝したいという願いから、全校生徒が参加しております。これには、これからの本校の歴史を作っていく主体となるのは、生徒達であるという思いも込められております。

さて、学校法人「保隣教育財団・保善高等学校」の歴史につきましては、先ほど増田理事長からお話がございましたので、私はここで、本校の教育九〇年の歴史の原点に触れてみたいと思います。

本校の前身であります東京植民貿易語学校の初代校長、新渡戸稲造先生は、「渋柿を見よ、甘ぼしとなる」という言葉を残しております。どういう子どもでも「渋柿というレッテルを貼るのではなく、手を加えれば干し柿のように美味しい柿になる」の謂いで、この言葉は教育のあるべき姿勢を示しております。博士の願いは、本校の教育の中に脈々と受け継がれております。

教育は家庭で芽が出て、学校で花が咲き、実社会で実がなると言われます。家庭で培われた生徒諸君の芽を、本校の教育によっていかなる花として咲かせることができるのでしょうか。その答は、実社会という厳しい現実の中に生きて初めて導き出されることになります。本校の創始者安田善次郎翁が提唱された「実学尊重」と、校祖濱野虎吉先生が唱導実践された「報本反始」、さらにこれに基づいて創立以来築き上げてきた「剛健質実」、「初志貫徹」の伝統精神に基づいた建学の精神は、実社会の中にあってさらに輝きを増すと信じています。

過去と他人は変えられないが、未来と自分は変えられる、といいます。また、優れた聞き手は、話し手の話の中から、話し手が考えた以上のことを引き出すといいます。言葉は単なる道具ではなく、精神そのものであるからでしょう。人の心も、考えも、人格も言葉で作られるのです。忘れられない言葉、心に響いた言葉、この言葉がわれわれの生き方や姿勢を育て、今とこれからの自分を築いていくのです。言葉は人を変えることができる最大の術と私は信じています。この創立九〇周年記念式典に当たり、この会場にご参会の皆様がお互いにそのことを考える契機の場にしていただければ有難いことであります。

結びに、創立者をはじめとする、先輩旧職員の皆様方の多大なるご功績に対しまして、深甚なる敬意を表しますと共に、本日ご列席の皆様方のますますの弥栄を祈念し、また関係各位のご芳情に、衷心より厚く感謝申し上げ、保善高等学校創立九十周年記念式典委員会を代表して、私の式辞といたします。

（平成二五年十一月九日）

原風景

いつの日のことだったか、ＪＲ山手線の全車両が、群馬県の広告一色で埋ったことがあった。そのポスターの一枚一枚に、紛れもない我がふるさとの生活が在った。

吹きわたる風が力です
流れる水が優しさです

のキャッチフレーズとともに懐かしの山河、人々の生活の風景が確かな形で映し出され息づいていた。

かつて、詩人萩原朔太郎が『帰郷』と題して、故郷前橋への荒寥とした孤独な懐いを烈しく詩いあげたように、人は己の内部に強烈な影響を及ぼした風景をそれぞれに抱いているものである。無論大詩人に比すべくもないが、木瀬中学校時代に陸上部に所属していた私の脳裡にも、寒風酷暑の中を走り回ったグランドや、松の一叢が、重厚な木造校舎とともに、原風景として鮮烈に印象づけられている。

（『開校五〇年の歩み』前橋市立木瀬中学校創立50周年記念誌編集委員会　平成八年）

〈上毛新聞に掲載されたインタビュー記事〉

首都圏ネット

社会に役立つ人材育成を

人材育成など教育へ情熱を傾ける関口さん

がんばってます

私立保善高校長
関口　栄司さん（62）
（前橋市出身）

1923年開校の私立保善高校（東京都新宿区、男子校）で2年前から校長を務める。「気づき、感動し、行動する」をモットーに、全国高校ラグビー大会で4回の優勝を誇るなど、文武両道で800人を超す生徒が集う伝統校を率いている。

専門教科が国語だけに、生徒指導に好んで用いる言葉も豊富で分かりやすい。例えば「木は光を浴びて育つ。人は言葉を浴びて育つ。今の自分となりたい自分との葛藤《かっとう》で人は育っていく」。問題意識を持つことの重要性を指摘し、すぐに回答を求めたがる今の風潮に警鐘を鳴らす。

大学（国文学専攻）に入る前は、前橋工業高で化学を学んだ。工学部を目指したものの受験に失敗、浪人中に方向転換した。「前工時代の国語の先生から影響を受けて将来を見つめ直すことができた」と、意義ある青春の回り道を振り返る。

実家はナシ、モモの栽培農家。旬になると、一味違う実家の熟れた味覚を楽しむ。赤城山を見て帰郷を実感し、赤城山が見えなくなることで、仕事に向け新たに気持ちを奮い立たせるという。

少子化という厳しい環境の中で、魅力ある学校づくりに難しいかじ取りを迫られているが、「学校、社会に一層役立つ人材を輩出したい」と意欲を燃やす。

（東京都品川区）

せきぐち・えいじ　座右の銘は墨《ぼっ》痕《こん》淋《りん》漓《り》。1974年に保善高教諭となり、2007年から現職。趣味は書と日本刀。前橋工業高－立正大文学部－同大学院修了。

上毛新聞2009年12月9日記事

あとがき

校庭を頻りに律《りち》の風が吹きわたっている。季節は酷暑の朱夏から白秋へ、そして玄冬へと日に日に移り行くのを感じている。この度、『学びの庭をわたる風』と題する私の教育への思いを綴った二冊目の著書が明治書院から梓行されることになった。

本文でも幾度となく触れているが、私は風が好きである。むしろ風の在り方に憧れているると言ったほうがよいのかもしれない。悠久の天と地の呼吸とでもいうべき風、どこでも自由奔放に立つ風にである。己自身は決してその姿を見せることなく、他と触れ合うことのみでその存在を知らしめる風にこよなく惹かれるのである。さらに言えば、風は、色も匂いも形もないが、季節の移ろいとともに、色を映し、匂いを運び、ものを動かす力をもっている。私がこよなく風に惹かれるゆえんである。この「風」に日本人の繊細な美意識と風流とを解する心の源を思うのである。

さて、本書は、私の勤務校である保善高等学校での教師生活四十八年間の活動と、先学の言葉から学び、「私の教育」への思いを刻んだ書である。「学ぶ教師によって学ぶ生徒がの庭をわたる風が教えてくれている。

育つ」という教育の理念に基づいて、私はこの仕事に携わってきたが、未《いま》だしの感は学び

草柳大蔵の『礼儀覚え書』に、僧「重源」の言葉が引用されている。そこには、

第一は、先師の言葉や自然の言葉を聞くこと。

第二は、自らをかえりみて自らを評価すること。

第三は、体力を使い実践し、「足の裏」でしか分からないことを身体で知り、筋肉を頭脳とすること。

とある、私は、この第三の「足の裏」で知るという表現の凄さに衝撃を覚える。まさに大地を踏みしめて歩きつつ、そこから感じ取る「脳と足の裏」との一体感に、私は教育への使命感を強く感じるのである。それは、自分が学んで知ったことの有用性や意味を足の裏で実感する瞬間でもあり、それをまた眼前をわたる風が気づかせてくれるのである。

私が本校に奉職して間もない頃、先輩の先生方とともに、明治書院から「現代国語　古典『国語の研究』—就職受験と学習整理のための—」（昭和五十一年刊）というサブテキ

ストを出版したことがある。当時は随分と版を重ねたと聞いているが、今では、それもよい思い出である。また顧みると、私が教師になって、教えることの大変さや大切さ、素晴らしさを学んだのも明治書院の教科書を通してであった。この度、その明治書院から拙著が上梓されることになり感無量である。関係各位に心から御礼申し上げる。

本書の刊行にあたり、桐朋学園理事長の河原勇人先生には身に余る推薦文を頂戴した。保善高校副校長の戸嶋直彦先生には原稿の整理をお手伝い頂いた。また、教え子で立正大学非常勤講師の谷山俊英君の取り計らいもあって、明治書院取締役事業局長の橘内和夫氏と再会でき、同社社長の三樹蘭氏ともご縁を頂いた。他にも多くの方々のお力添えのもとに本書が成ったことに、心より感謝申し上げる。

平成三十年十一月吉日

著者識す

関口榮司（せきぐち・えいじ）

昭和22（1947）年4月群馬県前橋市生まれ。

立正大学大学院修了。

保善高等学校非常勤講師（院生時）、教諭、教頭を経て現在校長。桐朋学園理事、評議員。日本近世文学会・仏教文学会会員。

埼玉大学教育学部非常勤講師（指導講師）。東京私立中学高等学校協会理事。日本私立中学高等学校連合会評議員等を歴任。著書に『訥々の記』（三松出版、平成4年）がある。

学《まな》びの庭《にわ》をわたる風《かぜ》　　**題字「風」は著者筆**

平成31年2月15日　初版発行

著　者　関口榮司《せきぐちえいじ》

発行者　株式会社明治書院
代表者　三樹　蘭

印刷者　精文堂印刷株式会社
代表者　西村文孝

製本者　精文堂印刷株式会社
代表者　西村文孝

発行所　株式会社明治書院
〒169-0072　東京都新宿区大久保1—1—7
電話03-5292-0117(代) FAX 03-5292-6182
振替00130-7-4991

ISBN978-4-625-68615-3